DEUS *do* RECOMEÇO

CAROLINA LACERDA

DEUS *do* RECOMEÇO

DE UMA INFÂNCIA DESTRUÍDA
A UM NOVO TEMPO COM DEUS

Ágape

São Paulo, 2018

Deus do recomeço

COORDENAÇÃO EDITORIAL: Rebeca Lacerda
PREPARAÇÃO: Fernanda Guerriero Antunes
REVISÃO: Tássia Carvalho
CAPA: Dimitry Uziel
DIAGRAMAÇÃO: Rebeca Lacerda

EDITORIAL
João Paulo Putini • Nair Ferraz • Rebeca Lacerda
Renata de Mello do Vale • Talita Wakasugui • Vitor Donofrio

AQUISIÇÕES
Cleber Vasconcelos

Texto de acordo com as normas do Novo Acordo Ortográfico da Língua Portuguesa (1990), em vigor desde 1º de janeiro de 2009.

Dados Internacionais de Catalogação na Publicação (CIP)
Angélica Ilacqua CRB-8/7057

Lacerda, Carolina
Deus do recomeço : de uma infância destruída a um novo tempo com Deus / Carolina Lacerda. -- Barueri, SP : Ágape, 2018.

1. Lacerda, Carolina, 1983 – Biografia 2. Testemunhos (Cristianismo) 3. Vida cristã 4. Mudança de vida I. Título

18-0187 CDD-920

Índice para catálogo sistemático:
1. Biografia 920

EDITORA ÁGAPE LTDA.
Alameda Araguaia, 2190 – Bloco A – 11º andar – Conjunto 1112
CEP 06455-000 – Alphaville Industrial, Barueri – SP – Brasil
Tel.: (11) 3699-7107 | Fax: (11) 3699-7323
www.editoraagape.com.br | atendimento@agape.com.br

Ágape

Agradeço primeiro a Deus, por me escolher na eternidade, para que eu seja conforme a imagem do Seu Filho Amado. Ao Senhor Jesus Cristo, por ser a propiciação pelos meus pecados e por ter me amado até o fim. Ao Espírito Santo, por me suportar em minhas fraquezas e me dar forças para continuar triunfando, mesmo em meio às adversidades e tribulações cotidianas.

Agradeço aos meus pais, por me amarem, cuidarem de mim e me repreenderem quando necessário. Ao meu amado esposo, por ser um exemplar homem de Deus, um esposo dedicado e nosso sacerdote, conduzindo-nos para ainda mais perto de Deus. Aos meus filhos Rafael e Isaac, um bálsamo em minha vida e a realização de um sonho. Aos meus irmãos, por estarem comigo nesta jornada e serem meus amigos. Aos meus sogros, por cuidarem de mim como a uma filha.

Aos meus pastores, por serem em minha vida um referencial de integridade, seriedade e esmero pela palavra. E a todos os meus irmãos e amigos de caminhada, por fazerem parte da minha vida e desta história.

> *Deus escolheu justamente o que para o mundo é insensatez para envergonhar os sábios, e escolheu precisamente o que o mundo julga fraco para ridicularizar o que é forte. Ele escolheu o que do ponto de vista do mundo é insignificante, desprezado, e o que nada é, para reduzir a nada o que é, com o objetivo de que nenhuma pessoa se vanglorie perante Ele.* (1Co 1:27-29)

PREFÁCIO

por pastor Márcio Valadão

Deus do recomeço

Nossa vida é marcada pelos recomeços. Sempre há uma oportunidade de recomeçar. Por isso existe a noite e o amanhecer. Na Bíblia, você encontra um texto que diz: "Ao anoitecer, pode vir o choro, mas a alegria vem pela manhã" (Sl 30:5); esse amanhecer não se refere ao relógio, às horas, mas serve para mostrar que a qualquer momento o recomeço pode chegar. Esse processo, em nós, acontece de forma diferente. Guardamos as lições e, ao mesmo tempo, as vitórias e os fracassos, e temos diante de nós cada dia, que nasce como uma declaração: esse é o dia que Deus fez. Jamais se esqueça de que a vida é um dia de cada vez, é o dia de hoje.

Quando uma pessoa vem para Jesus, Deus se esquece do passado dela. Ele apaga da Sua memória, deleta tudo a ponto de a pessoa nascer de novo. A vida dela tem um recomeço, uma nova oportunidade de reconstruir a própria história. Onde estava escrito "perdição", Ele quer escrever "salvação"; onde estava escrito "impossível", Ele quer escrever "possível"; onde estava escrito "morte", Ele quer escrever "vida"; onde estava escrito "doença", Ele quer escrever "saúde"; onde estava escrito "família arruinada", Ele quer escrever "família abençoada". Tudo é tão diferente a ponto de Cristo dizer que a pessoa nasce de novo, e isso não significa voltar a ser um bebê. Não importa a sua idade, no momento em que se rende a Jesus, entrega a sua vida a Ele, você tem um recomeço.

Querido leitor, hoje, agora, é o momento desse recomeço em sua história. Ninguém o ama mais do que Deus, ninguém tem mais vontade de outorgar perdão e dar a você uma nova chance de reconstruir a sua vida. Deixe Jesus, que é a luz, entrar em sua história. Que você possa ser impactado com a leitura deste livro e que as respostas que há tanto tempo busca sejam encontradas aqui, de uma forma simples e direta, como se fosse o próprio Deus mostrando e falando que o poder Dele é infinitamente maior do que as nossas limitações humanas e questionamentos.

Peço ao Senhor que abençoe a todos que tiverem o privilégio de ler e conhecer um pouco a autora desta obra, a pastora Carolina Lacerda, que abriu o coração dividindo suas experiências com Deus, com um conteúdo tão rico e abençoador.

Pr. Márcio Valadão
Pastor presidente da Igreja Batista da Lagoinha

INTRODUÇÃO

Sim, posso dizer que venci e que sou vencedora! Mesmo com tudo que vivi, com perdas, lágrimas, dor e sofrimento... Mesmo em qualquer situação, Ele já me garantiu que eu seria (e sou) mais do que vencedora!

> *Contudo, em todas as coisas somos mais que vencedores, por meio daquele que nos amou.* (Rm 8:37)

Esta não é uma história muito bonita ou comum, de uma pessoa boa que um dia foi acometida por uma tragédia e nos ensina como superar e vencer. Na verdade, minha história nunca foi simples ou muito normal. E, apesar de sentir orgulho de ter vencido e sobrevivido, e de poder compartilhar com a esperança de que alguém seja ajudado de alguma forma, não tenho orgulho de quem eu fui, das escolhas que fiz ou do meu passado. Infelizmente, isso tudo é motivo de vergonha e, na maioria das vezes, exemplo do que não fazer. No entanto, Alguém entrou na minha vida e mudou todo o sentido e o propósito... Aliás, deu sentido a tudo isso! Se antes nada fazia sentido e o que havia eram questionamentos, hoje tudo se encaixa em um plano perfeito, e em cada situação posso ver o propósito e as respostas.

Quando passamos por situações de sofrimento, questionamos ao Senhor o porquê de tudo aquilo. Por que

Ele permite que nós, muitas vezes crianças, enfrentemos momentos assim? Demorou um pouco, mas aprendi que estava fazendo a pergunta errada. A correta seria "para quê?", e não "por quê, Senhor?"! Qual o propósito de tudo isso? E, mesmo que não tenhamos a resposta imediata, sabemos que Ele tem um plano certo em todas as coisas. Por mais que tudo saia do nosso controle, jamais foge do controle absoluto de Deus. Por mais que as lágrimas e o desespero nos ceguem, a verdade e o entendimento virão. Temos de compreender que tempos difíceis virão, que perdas e tristezas também... mas o dia de se alegrar também virá!

> *Para todas as realizações há um momento certo; existe sempre um tempo apropriado para todo o propósito debaixo do céu. Há o tempo de nascer e a época de morrer, tempo de plantar e o tempo de arrancar o que se plantou, tempo de matar e tempo de curar, tempo de derrubar e tempo de edificar, tempo de chorar e tempo de rir, tempo de lamentar e tempo de dançar.* (Ec 3:1-4)

> *O pranto pode durar uma noite, mas a alegria nasce ao romper do dia.* (Sl 30:5b)

Esse amanhã pode não acontecer dentro de 12 ou 24 horas, mesmo porque Deus é atemporal, mas temos de ter o entendimento de que o luto e o inverno vão passar... Em algum momento, a primavera voltará, e as flores e folhas voltarão a nascer; o céu cinzento tornará a ficar azul, o sol brilhará.

Confesso que demorei muito para entender e aprender essa verdade e, por isso, demorei mais tempo para ver a luz brilhar sobre minha vida. Você, contudo, não precisa demorar tanto tempo, pode agora dar um passo de fé, tendo a certeza de que tudo está sob o controle de Deus e que há um propósito para todas as coisas. Nosso trabalho é apenas permanecer firmes em fé. Claro que sofremos, choramos, mas não podemos perder a fé, nem nos afastar de Deus e nos desesperar.

Jó é um grande exemplo de como enfrentar as dificuldades. Ele era um homem íntegro e reto, como nos relata a própria Escritura em Jó 1:1, o que nos leva a entender que coisas ruins não sobrevêm somente sobre pessoas más e que os sofrimentos nem sempre são frutos do pecado, mesmo sabendo que o pecado traz sofrimento, sendo o pior deles o distanciamento de Deus.

Mesmo perdendo seus bens e família, mesmo sofrendo de enfermidades e dores terríveis, Jó declarou:

> *Contudo, eu sei que meu Redentor vive, e que no fim se levantará para me defender e vindicar ainda que eu esteja no pó do meu túmulo.* (Jó 19:25)

Ele sabia que em algum momento o Senhor o livraria, viria para levantá-lo e defendê-lo dos amigos opressores e, também, das armadilhas de satanás.

Todos que estão passando por momentos difíceis deveriam ler o livro de Jó e aprender com seus erros e acertos. Como homem, errou em alguns momentos, duvidou do cuidado de Deus. Ele estava, assim como eu, fazendo a pergunta errada: "por quê?", em vez de "para quê?". O Senhor tinha um propósito predeterminado em tudo aquilo e em nenhum momento as coisas saíram do controle Dele.

Então Jó abre seu coração diante de Deus e declara: "Sei que podes realizar tudo quanto desejares; absolutamente nenhuma das tuas ideias e vontades serão frustradas! Tu questionaste: 'Quem é este que sem conhecimento obscurece o meu conselho?'. De fato, falei do que não entendia, abordei assuntos sobremodo complexos sem a devida sabedoria. Tu ordenaste: 'Agora, pois, ouve-me, e Eu falarei; Eu te questionarei, e tu me responderás!'. De fato, meus ouvidos já tinham ouvido a teu respeito; contudo, agora os meus olhos te contemplaram! (Jó 42:1-5)

Jó reconheceu que, antes de tudo aquilo, não conhecia o Senhor verdadeiramente, mas depois, sim. Ou seja, conseguiu enxergar o *para quê?!* Compreendeu os propósitos de Deus nas situações difíceis que enfrentou!

> *E depois que Jó intercedeu pelos seus amigos, o SENHOR o tornou novamente próspero e lhe concedeu em dobro tudo o que possuía antes.* (Jó 42:10)

Glória a Deus! O Senhor devolveu-lhe a saúde, a plenitude, a alegria. A primavera chegou e o sol voltou a brilhar na vida de Jó. Quanto ele aprendeu com tudo aquilo! Quanto o Senhor lhe ensinou e trabalhou em seu caráter! Com certeza, Jó não era mais o mesmo homem nem o mesmo servo do Senhor. Passara a ter uma história, um testemunho para contar de como todo o sofrimento trouxera maturidade, sabedoria, conhecimento e, acima de tudo, uma experiência nova com Deus, pois começou a vê-Lo face a face!

Hoje, posso glorificar a Deus por tudo o que vivi, sendo bom ou ruim, sendo na alegria ou em meio a lágrimas, seja por aqueles que vieram ou por aqueles que partiram. Posso reconhecer e ver Deus em tudo e em todos os momentos; por mais sozinha que me sentisse, Ele estava ali. Por mais desesperada que estivesse, Ele estava ali para me acalmar e me dar paz.

Quando lembro o que passei, posso agradecer a Deus por tudo o que aprendi em cada situação, como me tornei uma pessoa melhor e mais parecida com Cristo. Como tudo isso contribuiu para que eu tivesse um coração totalmente grato e entregue a Ele. Hoje, assim como Jó, que antes O conhecia de ouvir falar, posso falar que O conheço face a face! Aleluia!

E o mais grandioso de tudo isso é que não para por aí... Certamente, Jó passou a viver experiências maravilhosas com Deus diariamente. Assim o Senhor faz comigo a cada dia. E Ele vai surpreendê-lo também, tenha certeza. Hoje, para a honra e glória do meu Senhor, por Sua infinita misericórdia e amor, Ele me chamou para o ministério da Palavra. Tornei-me uma das Pastoras da Igreja Batista da Lagoinha, em Belo Horizonte, ajudando, servindo, amando e cuidando de centenas de pessoas, ministrando a Palavra e compartilhando meu testemunho de vida. Essa é a história louca que você vai conhecer a partir de agora.

CAPÍTULO I

PRIMEIRA INFÂNCIA

1ª infância

Apenas uma criança
Que guarda tudo o que vê
Mas mesmo assim tem esperança
De ser feliz ao crescer
Desde pequena, muitas experiências
Não imaginava quantas divergências
Ainda teria pela vida
Momentos de dor e com muitas partidas

Sem rumo, sem lar, sem lugar
Sem ter onde descansar
Um lugar seguro para simplesmente brincar
Preocupada, não conseguia sonhar
Seus pais eram tudo
Seus irmãos, seus únicos amigos
Não tinha parentes, não tinha abrigo
Tinha medo, sofria
Mas Deus para ela sorria e sempre a protegia

Era guardada por Ele
Que com amor a preservou
Da morte tantas vezes a livrou
A segurou pela mão, a ajudou
No futuro as consequências viriam
Lembranças de um tempo difícil
Tantas mudanças, tantas perdas
Fome, sangue, dor

Humilhações, brigas, discussões
Tantos lugares, tantas cidades
Mas infelizmente era só o começo
De uma vida difícil, de um pesadelo.

(PARTE I)

Estas primeiras linhas da minha história vão parecer normais, mas não se engane, os poucos momentos de normalidade na minha vida duraram um piscar de olhos!

Nasci na capital de São Paulo. Meus pais eram atores de teatro, começando a entrar no cinema. Estavam ali na famosa boca do lixo, onde muitos dos atores e atrizes famosos de hoje começaram. Meu pai era ator e diretor e conheceu minha mãe quando ela entrou para uma peça dirigida por ele. Como a maioria dos moradores de São Paulo, os dois não eram nascidos lá; foram tentar a sorte na cidade grande. Dois jovens idealistas e sonhadores, que estavam à frente do seu tempo, solteiros, filhos rebeldes de famílias grandes, que saíram cedo de casa para traçar o próprio caminho. Meu pai sempre foi um artista politizado, sonhador. Minha mãe, por sua vez, queria ser independente e, ainda muito jovem, não queria ficar sob a obediência dos meus avós. Ela queria ser livre, voar alto. Conheceram-se, namoraram e em seis meses minha mãe engravidou de mim.

> *Reconheço que sou pecador desde o meu nascimento. Sim, desde que me concebeu minha mãe.* (Sl 51:5)

Meus pais, sempre modernos, viviam uma vida livre, organizavam festas, bebiam, fumavam... Viviam uma vida badalada. E naquele ano de 1983 eu nasci. Meu pai deu três dias de festa para comemorar minha chegada. Não que ele precisasse de muitos motivos para festejar, mas esse motivo era realmente especial. Acredito que não fui concebida dentro de um plano ou de um desejo real dos dois, mas ali estava eu. Meu pai compôs uma música em minha homenagem e desde o primeiro momento fui amada. Ele não estava muito acostumado com esse tipo de amor, pois sempre foi largado e independente, mas agora havia alguém totalmente dependendo do amor e cuidado dele. Dizia que ia me criar com muita liberdade, afinal ele era totalmente liberal, mas não foi bem assim...

Quando ainda era recém-nascida, uma estranha me tomou dos braços da minha mãe no metrô e ela, desesperada, correu atrás da mulher e me tomou de volta com tapas e socos. Tenho por certo de que o inimigo tentou impedir que eu nascesse, e desde meus primeiros dias e meses já tentava de alguma forma impedir que eu vivesse o que Deus tinha para mim. Esse fato não é algo que vemos com muita frequência, pelo menos perto de nós, mas, se você acha que isso é estranho ou atípico, espere para ver o que virá!

Quando eu estava com 1 e ano e 4 meses, meu irmão nasceu. Até aquele momento, a nossa condição financeira era muito boa e eu tinha tudo de que um bebê pode precisar ou querer. Morávamos em uma casa grande e tínhamos empregada e babá. Quando minha mãe engravidou pela terceira vez, agora da minha irmã, nossa caçulinha, decidiu ir para mais perto da família, a princípio apenas para os meses do resguardo, mas não foi isso que aconteceu.

Como não pretendíamos nos mudar de fato, levamos apenas algumas bagagens e deixamos tudo para trás. Toda uma vida, uma história. Com o decorrer do tempo, nossa vida tomou rumos inesperados. Nunca mais voltamos para aquela casa ou a morar naquela cidade. Foi um momento de perda, mas muitos outros piores viriam. Começava ali nossa difícil caminhada.

Mudamo-nos para Goiânia, no estado de Goiás, onde morava e ainda mora minha família paterna. Meu pai não foi conosco, pois tinha de rodar um filme no Amazonas. Minha mãe brigou com minha avó por esta ser muito rigorosa, crente da Assembleia de Deus – ela não suportava bebida ou cigarro, vícios que faziam parte do dia a dia dos meus pais –, e por causa do meu irmão, que era um tanto hiperativo. Fomos convidados a ir embora, então saímos de lá e fomos morar na casa de uma tia na mesma cidade, com quem minha mãe também brigou. Era muita criança e pouco dinheiro, o que deixava a todos bem estressados! E era para sermos apenas visitas passageiras, mas íamos ficando, e entendo que realmente as pessoas se cansavam de nós.

Na noite da briga que nos fez partir, estávamos dormindo em colchões no chão e acordei com a gritaria. Fiquei assustada, era minha família, e estava num lugar onde eu deveria me sentir acolhida e amada. Na manhã seguinte, pegamos nossas poucas bagagens e fomos para Belo Horizonte, Minas Gerais, onde morava e ainda mora minha família materna. Minha mãe já estava grávida de uns oito meses e foi naquela cidade que nossa caçula nasceu, nossa mineirinha!

Morávamos de favor na casa da minha avó materna. Meu pai, ao terminar o trabalho no Amazonas, foi para Goiânia a fim de tentar um emprego fixo. E, assim que ele conseguiu, voltamos para lá. Dessa vez, porém, ficamos em uma casa alugada, e não mais morando de favor na casa de ninguém. A casa até que era muito boa e as coisas pareciam estar se normalizando, mas não se engane... Aos poucos, compramos móveis e brinquedos, coisas que não tínhamos havia algum tempo. Minha mãe também começou a trabalhar e contratou uma empregada para cuidar dos três filhos. Lembro-me de que algumas vezes, quando estávamos sozinhos em casa, essa moça me colocava sentada na mesa com ela e me dava cerveja. Servia dois copos e bebíamos juntas. Eu estava com 3 anos de idade e foi com essa idade que bebi pela primeira vez. Não foi uma ou duas vezes, mas era algo recorrente, até que meus pais descobriram e a dispensaram. Sim, eu estava morando na quinta casa desde que nascera e bebendo cerveja aos 3 anos.

Certa vez, meus pais viajaram a trabalho para cidades diferentes e ficamos na casa da minha avó. Numa tarde eu subi no tanque, escorreguei e caí de cabeça no chão. Comecei a ter febre altíssima e naquela época não era hábito levar as crianças ao hospital apenas por causa disso. A febre, porém, foi aumentando e persistindo por vários dias, até que minha avó não teve como evitar e me levou ao médico, que disse que eu já estava quase entrando em coma. Se ela tivesse esperado mais, provavelmente eu não teria resistido. Não sei ao certo o que tive, mas sei que Deus me livrou da morte. E essa não seria a primeira nem a segunda... nem a última. Muitas e muitas vezes seguintes, o diabo tentaria tirar minha vida, mas meu Deus misericordioso me livraria.

Quando voltamos para nossa casa, ladrões haviam entrado lá e roubado tudo que tínhamos, com muito trabalho, conseguido conquistar novamente... Roubaram até talheres e colchões. Não havia mais a mínima condição de continuarmos naquela casa, não seria possível dormir ou comer. Meu pai foi fazer um trabalho em Recife e, como minha mãe não queria mais morar de favor na casa da família dele, voltamos para Belo Horizonte, onde mais uma vez moramos de favor, na casa dos meus avós maternos.

Quando meu pai estava para voltar do Recife, recebeu a notícia de que um de seus irmãos havia falecido em Brasília, Distrito Federal, e foi para o funeral. Na cidade, reencontrou alguns amigos e decidiram juntos abrir uma empresa. Ele foi a Belo Horizonte conversar com minha mãe e, juntos, resolveram tentar e ir morar em Brasília. Meu pai foi na frente, para nos buscar quando a empresa já estivesse montada.

Passar esses meses em Belo Horizonte foi bom, a família era muito grande e alegre e nos recebia bem. Numa manhã, porém, o inimigo tentou tirar minha vida novamente. Caí dentro de uma caixa-d'água de mais ou menos 2 x 1,5 metros, mas consegui me agarrar a uma tora de madeira que a cortava de ponta a ponta. Estava com mais ou menos 3 para 4 anos e fiquei ali por alguns minutos, pendurada por apenas umas das mãos e gritando por socorro. Quando sentia que já estava ficando sem voz e forças, encontraram-me. Sei que a mão do Senhor estava ali me segurando, pois eu não teria forças para me segurar sozinha por todo aquele tempo. Tantas coisas ruins nos aconteciam, mas na nossa vida satanás não podia tocar. Assim como foi com Jó! Aqueles poucos minutos pareceram uma eternidade, mas Deus estava ali comigo, cuidando de mim.

Ainda naqueles meses, fomos à casa de um tio que tinha uma piscina, na qual entrei para brincar. Ela era um pouco funda e em um determinado momento escorreguei e não consegui mais me equilibrar e levantar a cabeça para respirar. Comecei a engolir água e a tossir, e tentei ficar em pé, mas não conseguia. Pensei realmente que fosse morrer e ninguém perceberia. Foi aterrorizante, era uma festa e ninguém tão cedo notaria minha ausência. Não sei quantos segundos ou minutos se passaram, embora parecessem horas, mas o Senhor levantou minha cabeça, firmou minhas pernas e consegui sair daquela piscina na ponta dos pés. Saí com um choro engasgado e querendo colo; por um instante eles não me encontraram boiando morta naquela piscina. No entanto, era festa e estavam todos distraídos.

Minha mãe começou a fazer bico como costureira, pois não conseguia ficar parada, sempre foi muito trabalhadeira e se virava para aprender novos ofícios. Numa tarde, um dos meus tios a trancou no quarto e a agrediu fisicamente. Vi tudo pela fechadura da porta e senti muito medo. Na mesma hora, ela ligou para o meu pai e, depois de quase um ano naquela cidade, fomos morar com ele em Brasília. Ele ainda não havia conseguido alugar uma casa, a empresa ainda estava no começo, então fomos morar de favor na casa de uma amiga dele. Ela morava no Guará, uma cidade-satélite de Brasília, era divorciada e tinha duas filhas.

Estava com 4 anos e ainda não frequentava a escola. Aliás, em razão de tantas mudanças, demorei para estudar; por isso, naquela época, minha mãe começou a me alfabetizar e com 5 anos eu já sabia ler e escrever. Não apenas algumas palavras ou sílabas, mas me lembro de que com essa idade ganhei um diário (que tenho guardado até hoje), em que escrevia poesias, relatava os acontecimentos diários... Nessa mesma época, meu pai me ensinou a jogar dama e xadrez. Graças a Deus, eles prezavam pelo ensino, pelo conhecimento e nos ensinavam o máximo que podiam. Não só teorias, mas muita coisa na prática. Não estavam tendo uma vida muito fácil, imagino como era para eles ter três filhos pequenos e saber que não tinham uma casa para morar, nem uma cama para deitar, nem mesmo sabiam se teriam o que nos dar para comer. A vida muitas vezes nos torna pessoas duras! Cabe a nós nos deixar ser moldados e enlaçados pelos braços de amor do nosso Senhor.

Certa vez, meu pai já estava sem paciência querendo me ensinar a nadar. Ele, então, pegou-me pelas mãos e pelos braços e me jogou no meio de uma piscina, deixando-me lá para aprender na marra! Minha mãe, que sempre teve muito medo de água, entrou pelos cantos e me tirou. Hoje acho graça, mas no momento não teve graça nenhuma. Minhas experiências com piscina não estavam sendo muito boas! No entanto, como era raro aparecer uma piscina ou rio, eu não deixaria de aproveitar por qualquer trauma, contudo não confiava muito no meu pai comigo. Algumas vezes, ele enfiava minha cabeça na água, a qual eu engolia! Então, até entrava em piscinas, mas sem ele por perto!

Depois de poucos meses, minha mãe se desentendeu com a dona da casa e tivemos de ir embora. Meu pai continuou em Brasília e nós fomos morar na cidade de Guarda-Mor, interior do interior de Minas Gerais, na casa dos pais de uns amigos. Para as crianças era bom, havia muitos animais, o leite era tirado na hora quentinho... mas eram todos muito pobres e nós, mais ainda. Quando tínhamos arroz, feijão e farinha era muito; carne era algo raro. Uma vez, um cavalo morreu e os vizinhos dividiram a carne; na casa onde estávamos, fizeram almôndegas, e o gosto era horrível. Até hoje não como almôndegas por causa disso!

Numa noite, uma senhora que morava na casa pegou uma garrafa de cinco litros de vinho e dois copos e me chamou para beber com ela. Bebi bastante a ponto de ficar bêbada pela primeira vez, aos 5 anos de idade. Quando meu pai viu meu estado, trancou-me no quarto e me deu uma surra. Não entendia por que estava apanhando, simplesmente havia bebido o que me deram. Meu pai tinha ido nos visitar, mas resolvemos ir embora com ele e, depois de alguns meses, voltamos para Brasília.

Dessa vez, fomos morar na Asa Norte, no apartamento de tios paternos. Quando moramos de favor na casa das pessoas, estamos sujeitos a diversas situações difíceis e muitas vezes não podemos falar nada, apenas aguentar calados.

Como crianças, estamos sujeitos a abusos físicos e mentais de todas as formas... Não ter um lar é muito mais do que não ter uma casa simplesmente, é bem mais complexo. É estar num lugar onde você é um estorvo, onde tudo tem limitações: o que se pode fazer, falar, tocar e até aonde pode ir... E não há paz. Em nenhum momento há paz, porque existe a preocupação constante de ser agradável e de como não incomodar. Eu me esforçava para ajudar e não incomodar, ajudava minha tia a cuidar das minhas primas pequenas, mas nada era nem seria suficiente para que não fôssemos um peso ali. Tantas vezes meu primo me batia, jogava brinquedos no meu rosto e eu não podia falar nada, apenas engolir o choro e me esforçar para parecer feliz e ser grata por aquele abrigo. Eles moravam num apartamento de classe média alta, numa das áreas mais nobres de Brasília, e nós éramos uma família de sem-teto, com três crianças pequenas querendo brincar.

Certa noite, meu irmão se sentou ao lado de uma das minhas primas na cama. Meu tio não gostou nada daquilo, deu um beliscão nele e nos expulsou de casa. Ele justificou que meu irmão não podia chegar perto dela porque tínhamos doenças. Na verdade, nossa doença era ser pobre. Tivemos de sair daquele apartamento naquela mesma noite. Meu pai não estava em casa e o esperamos voltar com as malas prontas. Lembro-me de que já estava de pijama e tive de me trocar para ir. Era meia-noite e minha irmã, que estava com 1 ano de idade, queimava de febre. Lembro-me perfeitamente de estar dentro do elevador e de tentar entender o que estava acontecendo. Imagino como meus pais deveriam estar apavorados, saindo de madrugada, sem rumo, com três crianças... Com certeza não foi fácil.

Eu não entendia por que nos mudávamos tanto, mas sabia que não tínhamos para onde ir e que meus pais estavam sofrendo. Naqueles momentos, comecei a sentir e a perceber que éramos diferentes, que tantas vezes as pessoas nos tratavam com desprezo e indiferença. Que o fato de sermos pobres nos tornava inferiores.

> *Ele escolheu o que do ponto de vista do mundo é insignificante, desprezado, e o que nada é, para reduzir a nada o que é.* (1Co 1:28)

No entanto, Glória a Deus! Se éramos assim vistos pelos homens, a visão e o pensamento que o Senhor tinha a nosso respeito era bem diferente! Mesmo sendo vis e desprezados, Ele nos escolheu para que Nele fôssemos feitos justiça Dele! Aleluia! Se tivéssemos essa compreensão naquela época, tanto desespero e sofrimento teriam sido evitados!

> *Deus fez daquele que não tinha pecado algum a oferta por todos os nossos pecados, a fim de que nele nos tornássemos justiça de Deus.* (2Co 5:21)

Saímos daquele apartamento sem qualquer certeza de que ficaríamos bem, apenas com um amor imenso entre nós e o instinto de sobrevivência. Ao atravessarmos a rua, meu pai foi até um telefone público e ligou para um dos amigos/sócios, o qual tinha um apartamento vago para alugar e nos deixou passar a noite lá. Conseguimos um colchão de casal e dormíamos os cinco juntos, mas não tinha como fazer comida ou qualquer outra coisa e parecia que havíamos chegado ao fundo do poço.

Alguns anos à frente, ouvi minha mãe confessar que naqueles dias eles chegaram a pensar em nos matar e, depois, suicidar-se. Daí se vê o tamanho do desespero que tomava conta deles. O inimigo usa tantas circunstâncias e pessoas para nos afetar e nos destruir, mas muitas vezes ele usa a nós mesmos. Quantos de nós já fomos canal nas mãos de satanás para causar dano a nós mesmos e até a morte. Isso é muito triste e real. No entanto, apesar de muitas vezes não parecer, Deus estava no controle! Ele estava cuidando de nós.

Ficamos ali naquele apartamento vazio por algumas semanas e, junto com os amigos e sócios, meu pai conseguiu levantar algum dinheiro para alugar uma casa.

> *Quanto a mim, sou um pobre e necessitado, o Senhor, contudo, pensa em mim. Tu és meu amparo e meu Libertador: não tardes mais, ó Eterno, Deus meu!* (Sl 40:17)

> *Ainda que eu ande pelo vale da sombra da morte, não temerei mal algum, pois tu estás comigo; a tua vara e o teu cajado me protegem.* (Sl 23:4)

Nós nos mudamos para um barracão com outra casa no mesmo lote na cidade de Ceilândia, que, à época, era a mais perigosa e violenta do Distrito Federal. As ruas não eram asfaltadas, o chão de casa não era de cerâmica, era vermelhão, não tínhamos móveis algum, nem brinquedos ou qualquer outro bem material. No entanto, tínhamos o amor entre nós e, finalmente, um lar, um lugar nosso para repousar nossa cabeça à noite. Um lar onde tínhamos a liberdade de cantar e sorrir sem nos preocupar com o volume da nossa voz. Onde podíamos entrar no banheiro e demorar para sair. Onde podíamos ter nossa liberdade para sermos uma família. Não tínhamos muito o que comer, quase todos os dias o café da manhã era farinha de mandioca com açúcar aquecidos no fogo; o leite, quando havia, era de soja doado pela prefeitura para as famílias carentes. Dormíamos todos juntos em colchões no chão, momento em que nos tornávamos mais próximos e unidos. Não tenho nenhuma lembrança de ver meus pais discutindo por qualquer coisa que fosse, e por mais dificuldades que passássemos tínhamos um ao outro e Deus em nosso coração. Meu pai já havia sido ateu, mas, como alguns ateus famosos da época, teve de reconhecer a existência de Deus. Não havia mais como negar ou ignorar, e, apesar de não ter tido uma conversão genuína, ele sabia que Deus existia e que em algum momento viria em nosso socorro.

Meu pai sempre foi muito carismático, com muita facilidade de fazer amigos, assim como minha mãe, inteligente, linda e agradável. Graças a Deus pelos amigos! Com o passar dos meses, amigos nos doaram algumas coisas, como uma televisão de 14 polegadas, um fogão vermelho e uma geladeira usados. Que festa! Que alegria assistir à televisão, fazer comida na nossa casa e poder guardar os mantimentos na geladeira, beber água e suco geladinho!!

Meu pai fez uma mesa de madeira à qual nós, as crianças, pudéssemos nos sentar para comer. Parecia uma mesa de boneca, mas nos foi bem útil. Com o passar de mais tempo, ele conseguiu comprar uma mesa redonda de madeira com quatro cadeiras e uma vitrola AM/FM. Lembro-me de uma noite, após o trabalho, quando ele nos deu presentes. Para mim, ele trouxe um livro surrado do personagem Zé Serra, o qual li e reli várias vezes. E o livro dizia: "Eu te corto, eu te pico, te jogo no penico!".

Como eu gostava daquela história. Estava com quase 5 anos e lia diariamente. Para o meu irmão, ele deu um boneco do personagem He-Man, mas o boneco só tinha o tronco, não tinha as pernas. Hoje, vejo que meu pai achou aquele livro e aquela metade de boneco em um lixo ou jogado fora em algum lugar. Para nós, aquilo era um tesouro! Como ficamos alegres. Não importava o que era, o valor que tinha, era um presente que nosso pai nos havia dado. Um presente que ganhamos depois de anos.

A empresa estava no começo e o lucro ainda era dividido entre os três sócios, então nossa parte dava para pagar o aluguel e não sobrava para mais nada. Lembro-me de ver minha mãe chorando de dor de dente e não termos dinheiro nem para comprar um analgésico ou ir ao dentista; de ela ficar numa fila para ganhar sopa de graça e não darem porque era muito bonita e se vestia bem para ser tão pobre; de pedir a ela um biscoito recheado e minha mãe dizer para que, quando eu estivesse comendo o inhame, fechasse os olhos e imaginasse que era um biscoito bem gostoso.

Hoje até dou risada, porque, quando minha mãe conseguia algo para comer, comíamos aquilo por dias. Por exemplo, em Brasília há muito abacateiro, então teve uma época em que comíamos abacate de café da manhã, de sobremesa para reforçar o almoço, de lanche da tarde... Isso por semanas! Até hoje não consigo nem ver abacate na minha frente! Houve o tempo do inhame, do torresmo, e por aí vai...

Não ficamos naquela cidade nem um ano e as coisas começaram a melhorar, então nós nos mudamos para outra cidade-satélite de Brasília. Esse tempo em Ceilândia foi bem difícil, mas o melhor desde que saímos de São Paulo.

CAPÍTULO II

SENDO APENAS CRIANÇA

Esperança

Tudo o que eu queria
Era ter um lar
Um lugar seguro para descansar
Brincar com meus irmãos e também sonhar
Mas parecia que isso estava além do que eu poderia alcançar

Mas as coisas começaram a mudar
Fiz amigos, tinha um lar
Podia brincar e até estudar
Achei que seria feliz para sempre
E que nunca mais ia chorar

Mas ainda tinha um longo caminho a percorrer
Muita coisa ruim ainda ia acontecer
Caminhos incertos aos quais pensei que não fosse sobreviver
Mas Deus estava comigo
Meu amigo
Me deixou viver
E muito além disso
Me fez vencer!

PRIMEIRA INFÂNCIA (PARTE II)

Mudamo-nos para uma cidade-satélite chamada Sobradinho, que era bem mais urbanizada, apesar de lembrar uma cidade do interior. Ceilândia, onde morávamos anteriormente, era vista como uma favela, com suas ruas de terra e tiroteios frequentes. Não podíamos sair à noite, por causa dos tiroteios e da violência. Sobradinho já era uma cidade de verdade, com casas acabadas, ruas de asfalto, quintais gramados e acesso mais fácil a hospital e demais necessidades primárias. A casa era bem simples, com outra nos fundos, e tudo era tão simplório e lindo. Tínhamos uma casa, um lar, nossa família unida e um lugar que nos trazia esperança de dias melhores... porém não foi o que aconteceu.

Quando chegamos com a mudança, os meninos da vizinhança perguntaram ao meu irmão:

– Você tem muito brinquedo?

– Tenho, o caminhão com os brinquedos ainda vai chegar!

Era mentira. Na verdade, não tínhamos brinquedo algum, mas mentíamos porque era a única forma de nos sentirmos menos inferiores ou burlar a realidade nua e crua.

Estávamos felizes e esperançosos de que todo aquele sofrimento havia ficado para trás e de que a vida estava nos dando um novo começo. Minha mãe começou a trabalhar como costureira em casa, sempre proativa e trabalhadora.

Aprendeu a costurar sozinha e fazia todas as nossas roupas, já que não tínhamos condições de comprar. Sinto muito orgulho dos meus pais e da história que vivi até os 14 anos. Eles poderiam ter se acomodado, ido para a rua pedir esmola, vitimar-se, ter escolhido caminhos mais fáceis para vencer na vida que não pelo suor do rosto e pelo trabalho honesto, ou até se revoltar com a vida e com Deus. Pelo contrário, não ficaram esperando a caridade de alguém ou reclamando. Arregaçaram as mangas e foram à luta. Mesmo que sem o conhecimento de Deus, tiveram fé Nele. Sabiam que um dia o inverno passaria e a luz voltaria a brilhar, e que todo aquele sofrimento nos tornaria pessoas mais fortes.

> *Foi bom para mim ter sido castigado, para que aprendesse os teus decretos. A Lei de tua boca vale, para mim, muito mais do que milhões em ouro e prata.* (Sl 119:71-72)
>
> *Quanto a mim, sou um pobre e necessitado, o Senhor, contudo, pensa em mim.* (Sl 40:17a)
>
> *Eis que os olhos do SENHOR estão sobre os que o temem, sobre os que firmam toda a esperança em suas misericórdias, para livrá-los da morte e garantir-lhes a vida, mesmo em épocas de fome.* (Sl 33:18-19)

Por mais que meus pais e nós, crianças, não tivéssemos qualquer conhecimento de Deus e Sua palavra, Ele estava conosco, e creio que minha avó paterna, crente fervorosa que era, estava intercedendo por nós com orações e súplicas diante do Senhor.

Conheci muitas crianças e fiz inúmeras amizades. Enquanto estávamos em Ceilândia, meus amigos eram pobres como eu, por isso me sentia apenas mais uma como as outras, porém em Sobradinho eles eram de classe média a classe média alta, o que me fez entender e sentir certas diferenças. E, novamente, aquela sensação de inferioridade. Minhas amigas tinham todo tipo de brinquedos, tudo o que uma criança poderia querer, não moravam de aluguel como nós e quase todas estudavam em escolas particulares, enquanto eu ainda nem frequentava uma escola. Apesar de sermos crianças, percebíamos que éramos tratados diferentes por sermos pobres. Quando os parentes ricos de uma dessas amigas chegavam para visitá-la, sempre traziam comidas gostosas e ela me expulsava de sua casa, talvez até a pedido deles, que não deveriam querer se misturar comigo ou aturar uma menina esfomeada e pobre. E a verdade é que eu era esfomeada mesmo! Quantas vezes comia até as coisas estragadas que havia na geladeira de uma delas. Achavam engraçado, mas para mim era inadmissível que aquilo fosse jogado no lixo.

Muitas das situações que à época foram tristes hoje nos arrancam sorrisos ao serem lembradas. Como quando fui a uma festa na casa de uma amiga e a certa hora da noite os convidados e os anfitriões comentaram que havia entrado um mendigo na festa. Fui ver do que se tratava e era meu pai, que havia ido me buscar! Parece mentira, mas aconteceu mesmo! Aquele momento foi bastante constrangedor e, pela minha pouca idade, não entendia como podiam confundir meu pai com um mendigo. Hoje, porém, compreendo totalmente (risos).

Meus pais gostavam de jogar baralho e eu, com 7 anos, já sabia jogar vários tipos de jogos; brincava bastante com uma das minhas amigas, mas sempre enganando e roubando para ganhar. Precisava ser superior ou pelo menos igual a ela em alguma coisa, e o que eu sabia usar bem era a esperteza. Elas podiam ser ricas, mas eu era mais esperta e mais forte. Pensar nisso era o que me consolava. Se ela me expulsava, eu ganhava nos jogos; se me maltratava, eu batia nela. Uma vez, em uma discussão, uma delas falou que minha mãe não se importava comigo porque me deixava jogada na rua o dia todo. Dei uma boa resposta, afinal eu pensava rápido, e o que ela disse não me atingiu em nada.

As janelas da nossa casa eram enormes, o muro media um metro e minha mãe, enquanto estava sentada na máquina de costura dia e noite, ficava nos olhando brincar pela janela. Realmente ficávamos o dia todo na rua, mas Sobradinho, naquela época, era um lugar muito tranquilo de se viver, não tinha muita violência nem muito trânsito, principalmente na quadra em que morávamos. Minha mãe, então, não se preocupava tanto. Ela precisava trabalhar, a casa era muito pequena e não tínhamos brinquedos, portanto o jeito era ir para a rua brincar.

Na casa de uma delas, eu me sentia mal, a mesma sensação de quando estava na casa da minha tia, de que éramos inferiores, de que esperavam de mim todo tipo de baixeza e falta de educação. Era ruim, então, para me sentir menos mal, eu enganava, mentia e batia. Eram mentiras bobas de criança, como dizer que por dentro eu era um robô igual ao RoboCop ou, quando dormia, fingir que era sonâmbula e fazer umas palhaçadas... mas elas acreditavam, e isso era o que importava, saber que conseguia enganá-las.

No ano seguinte, finalmente fui matriculada na escola. Estava atrasada, mas, como já sabia ler e escrever em razão dos ensinos da minha mãe, entrei na antiga primeira série e, em seguida, pulei para a terceira. A pedido da professora da primeira série, passei a ir à escola na parte da tarde para ajudar as crianças no aprendizado. Crianças da minha idade! Isso ajudou minha autoestima, senti-me muito inteligente!

Finalmente eu tinha uma vida normal, lar, casa, amigos, vizinhos, escola... Mesmo com tantos contratempos e problemas, essa foi a fase mais normal da minha vida. O único momento em que mamãe, papai e filhinhos viviam unidos e felizes. Meus pais eram presentes e amorosos, especialmente minha mãe, que passava o dia conosco. Ela era uma mãe maravilhosa e cuidava de nós com todo amor e carinho, desdobrando-se para nos ensinar as tarefas da escola e nos dar uma boa educação. Lembro-me do seu capricho com nossos materiais escolares, em como encapava e coloria nossos cadernos. Quantas horas sentada me ajudando a aprender a resolver problemas matemáticos... Sentia-me normal, pude descansar, ficar em paz, sem me preocupar com coisas de gente grande, com os problemas dos meus pais. Pude brincar, simplesmente brincar. Parecia que nossa vida tinha se normalizado e que estaria tudo bem dali para a frente, mas não foi isso que aconteceu.

Comecei a desenvolver Transtorno de Estresse Pós-Traumático, e isso acontecia com frequência.

> O transtorno do estresse pós-traumático (TEPT) pode ser definido como um distúrbio da ansiedade caracterizado por um conjunto de sinais e sintomas físicos, psíquicos e emocionais. Esse quadro ocorre devido à pessoa ter sido vítima ou testemunha de atos violentos ou de situações traumáticas que representaram ameaça à sua vida ou à vida de terceiros. Quando ele se recorda do fato, revive o episódio como se estivesse ocorrendo naquele momento e com a mesma sensação de dor e sofrimento vivido na primeira vez. Essa recordação, conhecida como revivescência, desencadeia alterações neurofisiológicas e mentais.
>
> [...]
>
> Quando se fala de ameaça à vida, há várias dimensões da vida que podem ser ameaçadas: dimensão física, dimensão psíquica (ameaças como assédio, humilhações e outras violências psíquicas), dimensão social (micro e macrossocial) e ainda a dimensão espiritual. Em todas estas dimensões pode haver situações de extrema violência ou ameaça e de certa forma produzem um quadro de estresse pós-traumático. [...][1]

À época, não tinha ideia do que estava acontecendo, sentia-me estranha, não sabia o porquê daquela sensação e

---

1 "Transtorno do estresse pós-traumático: sintomas, tratamentos e causas", de Pérsio Ribeiro Gomes de Deus, psiquiatra, diretor técnico de saúde do Hospital Psiquiátrico da Água Funda e médico credenciado pelo Hospital Albert Einstein (CRM-SP: 31.656). Disponível no site Minha vida (www.minhavida.com.br/saude/temas/transtorno-do-estresse-pos-traumatico). Acesso em: 14 nov. 2017.

achava que estava ficando louca ou que não era uma criança normal como as outras. Depois de um incidente traumático no zoológico, a síndrome se intensificou. Se eu ou meus pais achávamos que tudo o que havíamos passado não tinha me atingido emocionalmente, nós estávamos errados, pois as sequelas começavam a aparecer. Passei também a ter pensamentos de morte e fazia perguntas ao meu pai do tipo: "Por que ficamos duros e gelados quando morremos?". Pensamentos e dúvidas pesadas para uma criança de cerca de 8 anos, o que piorou bastante aos 10 anos, quando, numa excursão escolar, fui à área de Geologia da Universidade de Brasília e, por engano, nos levaram para a área de Medicina. De repente, estávamos dentro de uma sala cheia de corpos abertos e órgãos expostos. Aquele cheiro terrível de formol ficou por anos entranhado nas minhas narinas. Imagine uma classe da quinta série, com crianças de 10 anos que foram levadas ao IML de uma Universidade! Até a professora passou mal diante da cena. Muitas crianças chocadas, chorando. Ninguém conseguiu lanchar, então aproveitei a oportunidade e comi o lanche de todo mundo. Em casa, porém, os pensamentos de morte se intensificaram. Fui para o meu quarto e fiquei por horas trancada chorando. Aquela cena vinha constantemente à minha mente e me dava medo. As aulas de Ciências passaram a ser uma tortura e por diversas vezes fechava os olhos e tapava os ouvidos para não ver e ouvir sobre o corpo humano. Até hoje tenho muita dificuldade para ouvir ou ver cenas parecidas.

Àquela altura dos acontecimentos, já não me sentia uma criança normal como as outras, como minhas amigas, e muitas vezes me sentia perdida e me isolava.

Naquele ano, o casamento dos meus pais chegou ao fim. Minha mãe sofreu bastante, e eu me lembro de reparar nos seus olhos inchados de tanto chorar. Ela amava meu pai, mas ele já não sentia o mesmo por ela. Era triste. Éramos muito unidos, meus irmãos e eu quase não brigávamos e nunca tínhamos presenciado brigas entre nossos pais, mesmo que também não tenhamos visto muitas demonstrações de amor entre eles.

No primeiro momento, decidiram se separar, mas continuar morando na mesma casa seria melhor para nós. Além disso, meu pai não tinha condições de pagar dois aluguéis. Penso que a partir daí a harmonia do lar começou a se desfazer, a discórdia entrou e muitas outras coisas ruins começaram, ou, a bem da verdade, continuaram a acontecer...

CAPÍTULO III

A DEPRESSÃO E AS DECEPÇÕES

O tempo

Eu queria que o dia e a noite não mais existissem
Para que eu não visse o tempo passar sem eu passar por ele
Para que eu não visse a felicidade, sem que pudesse ser feliz
Para que eu não visse o sorriso, sem que pudesse sorrir
Para que eu não visse a conversa, sem que pudesse conversar
Para que eu não visse vida, sem que pudesse viver
E para que eu não visse a morte, sem que ela pudesse me ver.

SEGUNDA INFÂNCIA

Se tivesse contado minha história até aqui, ela já teria sido cheia de fatos, mesmo que ruins na maioria. No entanto, Deus tinha muito mais para me ensinar...

Quando meus pais se separaram, eu estava com 10 anos, e ao completar 11 nos mudamos novamente. Fomos para uma casa próxima, uma casa melhor e única no lote. Meus pais mantiveram o acordo de continuar sob o mesmo teto, mas o que caracterizava um lar – a paz, a harmonia e o amor – estava se dissipando diante dos nossos olhos.

Logo fizemos amizades na nossa nova rua e parecia que tudo ficaria bem. Minha mãe conseguiu um trabalho fora de casa e tinha um bom salário, com o qual conseguimos aos poucos mobiliar nossa casa. E foi então, aos 12 anos, que tive sofá em casa pela primeira vez.

Com essa mesma idade, comecei a escrever uma carta para mim mesma. De dois em dois anos, abria uma e escrevia outra, nas quais descrevia como era minha vida naquele momento, além de minhas expectativas para os dois anos seguintes. Fiz isso até completar 18 anos. Muitas vezes, era triste ver que os mesmos sofrimentos e problemas persistiam ano após ano, mas me sentia grata quando alguma meta havia sido alcançada ou algum sonho realizado, ou seja, algo que me fazia tão mal, já não me atingia mais. Criei também um código para meus irmãos não conseguirem ler meus diários. Coloquei um símbolo para cada letra do alfabeto e com o tempo já escrevia e lia fluentemente, na mesma velocidade que leio e escrevo em português. E usei muito disso para colar em provas no segundo grau, atual ensino médio.

Muitas dessas minhas ideias faziam as pessoas perceberem que eu era um pouco diferente, mas me sentia mais do que isso: sentia-me anormal.

Já tinha tido duas pneumonias e aos 13 anos tive outra. Quando minha mãe me levou ao hospital, um pulmão estava quase todo tomado e precisei tomar antibióticos e injeções por um longo tempo. No ano seguinte, tive novamente, mas dessa vez minha mãe me levou ao médico logo e foi mais fácil de tratar. Minha imunidade era muito baixa e eu ficava doente com frequência, principalmente com a garganta inflamada, mas também sentia muitas dores nas pernas, a ponto de ficar até as 5 horas manhã acordada por isso. Quando eu ou meus irmãos ficávamos doentes, minha mãe cuidava muito bem de nós. Era muito amorosa e atenciosa.

Na escola, eu sofria muito *bullying* por ser muito magra e não ter roupas da moda como as outras meninas. Era violento, agressivo e opressor. Aquelas palavras me feriam, machucavam, mas ninguém dava muita importância, não só meus pais, mas a escola e a sociedade em si. Isso foi uma das várias situações pelas quais passei que me marcaram e que simplesmente escondi embaixo do tapete, pois continuei a viver achando ter superado, ou que aquilo não tivesse me afetado de uma forma mais extensa. No entanto, para mim, que já me sentia tão inferior e diferente, foi mais doloroso do que poderia parecer.

Aos 12 anos, comecei a andar com a turma dos patinadores e numa noite de sexta-feira eles iriam se encontrar para patinar. Liguei para o meu pai no trabalho e perguntei:

– Pai, você vai sair hoje à noite?

– Não sei, por quê?

– Por nada. Vai, pai, sai com seus amigos. Vai se divertir.

– É, acho que vou.

Estava na pré-adolescência, meu corpo e os interesses se modificando, e meu pai, percebendo a mudança, passou a me tratar com mais rigor. Não me deixava mais andar com meninos nem usar roupas curtas. Até um ou dois anos antes, eu podia fazer tudo isso, mas de repente era proibido, e eu não entendia e não aceitava. Por isso é necessário criar os filhos com princípios, desde cedo, e não mudá-los de uma hora para outra.

> *Ensina a criança no Caminho em que deve andar, e mesmo quando for idoso não se desviará dele!* (Pv 22:6)

Eram evidentes os primeiros sinais de rebeldia em minha vida. Tentei convencer meu pai a sair com os amigos, porque sabia que ele não me deixaria sair com os colegas patinadores. Fui andar de patins, descíamos uma ladeira e depois subíamos pegando rabeira nos carros. E fazíamos isso uma vez atrás da outra. Eram mais ou menos 23h30 quando, na hora de subir, peguei rabeira no guincho de um carro, mas o motorista, não sei se por estar bêbado, começou a andar em zigue-zague. Quando ele foi para o meio da pista, tropecei nas tachas amarelas. A pista era de mão dupla e fiquei deitada ali por alguns minutos até conseguir me levantar. Carros subiam e desciam enquanto eu estava estirada ali no meio. Podia ter facilmente sido atropelada, mas Deus não permitiu. Continuei andando ainda até a meia-noite, não queria ir embora na sequência porque me achariam fraca. Eu me machuquei bastante, uma das feridas na minha coxa direita tinha o tamanho de quatro dedos e infeccionou. Demorou bastante tempo para sarar e as cicatrizes permaneceram. Ao virar a esquina de casa, meu pai estava na porta com o cinto na mão. Já entrei tremendo. Por um instante, tive a esperança de que ele sentisse pena ao ver minhas feridas e não me batesse, mas, em poucos segundos, eu já estava levando várias cintadas com o lado da fivela do cinto. Era cintada para todo lado, inclusive em cima dos machucados. Minhas costas ficaram marcadas por muito tempo e minha mãe chegou a cogitar a ideia de denunciar meu pai ao Conselho Tutelar por causa da gravidade da surra. No entanto, achou melhor não o fazer. Meu irmão ficou ao lado enquanto eu apanhava e gritava de dor, e ao acabar ele disse:

– Bem feito, você mereceu.

Nosso relacionamento como irmãos já não era o mesmo, nem com ele nem com minha irmã. Brigávamos com frequência e não nos lembrávamos de que um dia havíamos sido unidos.

Vi que meu plano de enganar meu pai não havia dado certo, mas não me arrependi ou me entristeci pelo que fiz, e sim pelo fato de ter sido inocente achando que o tinha enganado. Precisava me aperfeiçoar no uso da malícia e faria isso na prática.

Houve uma época em que uma das minhas amigas tinha fascinação pelo oculto, e isso me influenciou também. Nós nos vestíamos de preto, assistíamos a tudo sobre vampiros, brincávamos de invocar espíritos, pintávamos as unhas de preto e às vezes usávamos um colar com uma cruz enorme. Tudo que se relacionava ao oculto nos atraía. Minha vida caminhava cada vez mais em direção ao mal, tudo o que era errado me cativava.

Após a separação, minha mãe começou a beber cada vez mais e se tornou alcoólatra. A situação piorou quando ela fez novas amizades. Era um grupo de mais ou menos oito pessoas entre homens e mulheres, com idade entre 38 e 45 anos, todos solteiros e com filhos, mas o que mais os caracterizava eram as festas e bebedeiras. Quase toda sexta-feira eles se encontravam na casa de um e ficavam bebendo até o domingo à noite. Pareciam um bando de adolescentes inconsequentes que só queriam curtir a vida. Minha mãe sempre nos levava a tiracolo e meu pai saía com os amigos dele, mas às vezes ele também fazia as festinhas com os amigos e era da mesma forma: sempre com muito álcool. Em algumas ocasiões, essas festinhas eram na nossa casa e eles ficavam ali bebendo, fumando e jogando. A princípio eu ficava perto, vendo-os jogar, dava um jeito de olhar as respostas e passar para minha mãe acertar; eles ficavam impressionados com como eu sabia as respostas. No começo era divertido ficar enganando-os, mas logo perdeu a graça. Via aquela turma bebendo e sorrindo tanto, falando alto, cantando... aquele comportamento me instigava. Passei então a roubar alguns copos de cerveja, meia garrafa de vinho... e levar para o quarto para beber escondido. Gostava daquela sensação de leveza, as coisas ficavam rodando, e eu tinha vontade de sair para a rua e fazer amigos.

Os dois estavam tão perdidos quanto eu. Sem entendimento, sem conhecimento de Deus.

> *Eis que o meu povo está sendo arruinado porque lhe falta conhecimento da Palavra. [...]* (Os 4:6a)

Aos 12 anos fui molestada. Aquele homem não me tocou, mas fez coisas que me deixaram traumatizada e ferida. Meu pai já havia conversado comigo sobre esse assunto e eu disse a ele que falaria caso me acontecesse, porém há aquela velha história de que ficamos constrangidos de contar ou com medo de que haja confusão... e não contei para ninguém. Eu mesma achei que já tivesse idade suficiente para digerir aquilo e que logo aquelas cenas e palavras sairiam da minha mente, mas não foi isso que aconteceu. Por mais que me vissem como adolescente, madura ou sabida, eu era apenas uma criança e fui extremamente violada e machucada. Como sempre, não teve quem me socorresse ou me protegesse. E não havia nada que eu pudesse fazer para mudar esse fato.

Numa noite meus pais saíram cada um com sua turma e nos mandaram entrar em casa às 22 horas. No entanto, os meninos vieram me avisar que estava tendo uma festa na casa de um colega e decidi ir; meus irmãos foram atrás me vigiar. Na festa, comecei a beber cada vez mais para mostrar que estava acostumada. Misturei várias bebidas, como vodca e outras bebidas quentes e, sozinha, bebi meia garrafa de pinga. Durante a festa, meus irmãos ficaram no quarto jogando videogame e, por volta de meia-noite, foram me chamar para ir embora, quando viram meu estado. Eu não conseguia nem falar e fui para casa cambaleando, com muita dificuldade para andar e me equilibrar. Chegando lá, vomitei o quarto todo e em mim mesma, dormindo em seguida em cima de todo aquele vômito. Cerca de uma hora depois minha mãe chegou, me deu um banho, trocou a roupa de cama e voltei a dormir. Eu era apenas uma criança de 12 anos e dava sinais claros de que algo estava muito errado. Situações que eu vivia estavam totalmente fora da normalidade e caminhavam para um abismo.

Na manhã seguinte, nem consegui levantar. Quando meu pai me acordou, minha mãe contou o que havia acontecido. Senti muita vergonha! Todos ficaram sabendo do que havia ocorrido e comentavam coisas que eu supostamente tinha feito. Não conseguia olhar para as pessoas na rua nem nos olhos do meu pai. Ele me colocou de castigo por tempo indeterminado e demonstrou toda a sua decepção. Eu me arrependi de verdade e resolvi nunca mais beber na vida. Fiquei muito tempo sem colocar álcool na boca, mas infelizmente não foi para sempre.

Em mim existia um vazio existencial muito grande que o álcool não foi capaz de preencher. Não me trouxe aquela alegria que achava que meus pais sentiam ao beber. Não me trouxe paz, não me ajudou a fazer amigos. E, quando percebi que não havia mais nada que eu pudesse fazer para ser feliz, entrei em uma depressão profunda.

> [...] As causas para a depressão infantojuvenil podem ser as mais diversas. Há fatores biológicos, como vulnerabilidade genética, complicações durante a gestação ou parto, além de temperamento; fatores ambientais, como o funcionamento familiar, a interação entre mãe e criança ou eventos adversos de vida, e fatores sociais, como a pobreza, o suporte social ou o acesso a serviços de saúde.
>
> A convivência com uma psicopatologia dos pais e a experiência de episódios traumáticos nesta idade, como separação, luto ou mudanças radicais de ambiente, também podem ser fatores decisivos para o desencadeamento de transtornos mentais em crianças e adolescentes. [...]
>
> O Manual de Estatística e Diagnóstico de Transtornos Mentais determina a necessidade de identificar pelo menos cinco destes sintomas, com durabilidade de duas semanas, para comprovação do quadro. [...]
>
> 1. Alteração de humor, com irritabilidade e ou choro fácil
>
> 2. Ansiedade
>
> 3. Desinteresse em atividades sociais, como ir à escola, brincar com os amigos ou com brinquedos

4. Falta de atenção e queda no rendimento escolar

5. Distúrbios de sono, como dificuldade para dormir ou ter sono o dia inteiro

6. Perda de energia física e mental

7. Reclamações por cansaço ou ficar sem energia

8. Sofrimento moral ou insatisfação consigo mesmo, sentimento de que nada do que faz está certo

9. Dores na barriga, na cabeça ou nas pernas

10. Sentimento de rejeição

11. Condutas antissociais e destrutivas

12. Distúrbios de peso, emagrecer ou engordar demais

13. Enurese e encoprese (xixi na cama e eliminação involuntária das fezes)[2]

Ao ler esse quadro, percebo que sentia praticamente todos esses sintomas. Lembro-me de que meus pais trabalhavam fora e eu passava todo o dia chorando. Era uma tristeza tão profunda que me levou a tentar o suicídio. A primeira vez, aos 12 anos, tomei de quinze a vinte comprimidos diversos. Já era noite, então deitei e fiquei esperando a morte chegar... Perguntava-me quantos minutos ainda tinha, se dormiria e

---

2 "Depressão infantil pode aparecer a partir dos 4 anos", de Carolina Addario. Disponível no site Ig São Paulo (http://delas.ig.com.br/filhos/depressao-infantil-pode-aparecer-a-partir-dos-4-anos/n1237800272239.html). Acesso em: 14 nov. 2017.

simplesmente acordaria no céu vivendo num lugar perfeito. Porque era isso que o diabo colocava na minha mente, que se eu me matasse toda a dor e tristeza que eu sentia acabaria, e que logo estaria nos braços do Pai, feliz, em paz e sem qualquer tristeza ou dor. Que tudo estaria resolvido e todos estariam felizes. Seria tão simples acabar com aquele tormento... apenas um momento e tudo estaria resolvido. Eu acreditei e adormeci em meio a tantos pensamentos. Acordei de madrugada passando muito mal, minhas pernas tremiam e davam choque internamente. Chamei minha mãe e pedi a ela que me levasse ao médico, mas não disse o motivo, e ela respondeu que, se pela manhã eu ainda estivesse passando mal, me levaria. Nem sabia se eu veria o amanhecer. No entanto, mais uma vez, Deus preservou minha vida e acordei com um misto de alívio e frustração. Pouco tempo depois, aos prantos, peguei uma faca grande e levei para o quarto. Queria de alguma forma me matar, tentei enfiá-la no coração, cheguei a encostar a ponta e forçar aos poucos, mas não tive coragem. Precisava ser de uma forma mais rápida e continuei imaginando maneiras de tirar minha vida.

Comecei a escrever em diários assim que minha mãe me alfabetizou, aos 5 anos de idade, e alguns anos depois ele já havia se tornado um livro. Quando comecei a escrever o que hoje se tornou este livro que você lê, aos 13 anos, já estava no fundo da depressão e isso me ajudou a desabafar, mesmo que fosse comigo mesma. Afinal, Deus e eu éramos as únicas pessoas com quem eu conseguia falar. Às vezes, pensava em pedir a meu pai que me levasse a um psicólogo, mas sabia que ele não teria dinheiro e, mesmo que tivesse, não acharia necessário.

Minha mãe e eu, que sempre tivemos um bom relacionamento, passamos a nos desentender. A convivência com meus irmãos também era péssima, e minha mãe, que sempre foi muito apegada ao meu irmão, não gostava, e isso a chateava. Eu achava que ela não gostava de mim e vice-versa, e nos atacávamos como defesa. Ela me achava mimada e afirmava que eu precisava de correção mais do que atenção.

> *Porquanto, nossa luta não é contra seres humanos, e sim contra principados e potestades, contra os dominadores deste sistema mundial em trevas, contra as forças espirituais do mal nas regiões celestiais.* (Ef 6:12)

Por mais que às vezes parecesse minha inimiga e lutássemos uma contra a outra, essa não era a verdade. O inimigo não tinha desistido de nos destruir, usava todas as formas e armas. Nossa casa estava um caos, longe de ser um lar como sonhei, com brigas constantes e minha mãe bebendo cada vez mais. Meu pai tentava ao máximo ficar fora de casa para não se estressar. Meus irmãos e eu vivíamos em guerra e minha mãe sempre tomava o partido deles. Eu estava afundada na depressão e tudo o que eu queria era morrer.

O inimigo sempre quis destruir minha família, desde sempre. Minha mãe conta que quando era jovem minha avó a levou a um centro espírita, onde disseram que ela era médium e que morreria até os 30 anos de idade; se quisessem que ela vivesse mais, teriam de consagrá-la aos demônios e foi o que minha avó fez. Quando engravidou de mim, completou a idade prevista e achou que morreria durante o parto; é claro que os demônios (ou quem quer que seja que tenha dito isso) estavam mentindo. Era mentira de satanás. Os planos de Deus eram outros e Ele é soberano. Após tantos anos de sofrimentos, lutas e decepções, o inimigo me usava para destruí-la e vice-versa.

Ela começou a me tratar com muita raiva e indiferença e acabava colocando meus irmãos contra mim. Meu pai era o único que mantinha um bom relacionamento comigo; então, eu passava o dia no quarto, só saía quando meu pai chegava e me sentava com ele no sofá para ver televisão. O fato de estar sentada entre as pernas dele ali, mesmo que caladinha, já me fazia bem, eu me sentia segura. Minha mãe dizia para os meus irmãos:

– Olha lá sua irmã com seu pai. Ele gosta mais dela do que de vocês. Peçam para sentar com ele, vocês também têm direito.

E meus irmãos questionavam meu pai se ele gostava mais de mim do que deles. Eles e minha mãe começaram a falar que eu era egoísta e o queria só para mim. Ele, com receio de que meus irmãos se revoltassem ou acreditassem naquilo, pedia-me para sair e dar lugar a eles. Eu saía e ia para o quarto chorar.

Durante o dia, meu irmão nos batia muito, dando-nos socos e chutes fortes. Ao sair para o trabalho, meu pai dizia a ele que era o homem da casa, que devia cuidar de nós, então, se não fizéssemos o que ele mandava, nos batia. Ele também estava revoltado, mas descontava em nós.

Ficávamos os três sozinhos em casa o dia todo: Eu com 12 anos, meu irmão com 11 e minha irmã com 9. Cada um tinha suas obrigações definidas. Meu irmão tinha que cuidar de nós e supervisionar tudo. Minha irmã arrumava a cozinha, e eu, a casa, além de esquentar o almoço. Quando tudo estivesse um "brinco", tínhamos de fazer as tarefas da escola e estudar para as provas.

Minha mãe sempre amou meu pai e sei que a separação não foi nada fácil para ela. Ela largou tudo em nome daquela família. Dedicou-se, lutou. E de repente viu tudo se desmoronar com a separação. Acredito que ela não gostava do fato de eu ser a queridinha do papai, da atenção que ele me dava. Ela queria a atenção, mas ele a dava para mim. Isso a irritava e a fez me ver como inimiga. Passou a me tratar de uma forma muito dura e me dizia palavras que me feriam profundamente, sempre incluindo meus irmãos e me excluindo.

– Você não vai para o céu porque você é má. Quando me separar do seu pai, levo seus irmãos, mas não vou te levar porque você tem um coração ruim. Você é egoísta e mimada! Não faz nada direito. Eu vou dar um soco na sua boca e quebrar todos os seus dentes, preguiçosa.

Eram palavras duras para uma criança. Ainda mais uma criança como eu, que desejava ansiosamente pela morte. Verdadeiramente, acredito que ela não se lembre dessas palavras que me disse. Quase sempre estava bêbada e sendo usada por satanás para me atacar. Não era ela, não era minha mãezinha, porém eu não sabia disso e tentava entender por que me tratava daquela forma. Por que ela me achava tão má e egoísta? O que eu tinha feito?

Já não sabia o que era amar a vida, ser feliz; por fora, podia até sorrir, mas por dentro estava tudo negro, um vazio, uma dor, um sofrimento sem fim. Eu não sabia o porquê de me sentir assim, pensava até que era loucura, que tinha nascido com algum distúrbio mental. Naquela época, não se ouvia falar de depressão infantil e nem meus pais tinham ideia de que eu tentava me matar ou de que sequer pensava nisso.

Lembro-me de quando íamos ao clube, meu pai tomando a cerveja dele com os amigos, meus irmãos interagindo e brincando sem parar, e eu sentada com um caderno e uma caneta na mão. Num cantinho, quietinha, divagando sobre a vida e a morte. Olhava as pessoas passando de um lado para o outro e pensava como seria se eu fosse elas, tivesse a vida delas. *Será que são felizes?* Todos pareciam tão diferentes de mim. *Será que em algum lugar existe alguém como eu? Alguém para eu conversar, para me entender?*

Eu sabia que Deus existia e até conversava com Ele, mas não ouvia Sua voz. Ele parecia tão distante, tão ocupado. Se tivesse alguém que me explicasse que Deus me amava, mas... não tinha ninguém.

Um dia meus pais estavam conversando sobre a separação de casas e, quando ele disse que me levaria, minha mãe não aceitou. Acho que mais porque, se ela não ia ficar com ele, não me deixaria ficar também, e eles me perguntaram tentando me convencer a ficar com cada um. Eu estava tão confusa, tão insegura e pensava que em breve não estaria mais com eles, que se tudo desse certo logo estaria morta.

Em um ano, apenas uma ou duas vezes minha mãe falou comigo sem estar me xingando e em pelo menos dez anos ela disse uma vez que me amava, mas nesse dia estava tão bêbada que mal parava em pé e as palavras saíam tão emboladas que era preciso decifrar. No fundo, sei que era isso o que estava no coração dela, mesmo que esquecido. Ela me amava, sim, mas estava cega, cheia de ódio e rancor.

Nos aniversários dela e do meu pai, fazíamos docinho, bolo, cartazes, cartinhas-surpresa e cantávamos parabéns quando eles chegavam, quase sempre com o dinheiro que eu juntava durante o ano todo. Houve um tempo, porém, em que eu não tinha mais vontade de fazer isso. Lembro-me de um Dia das Mães que peguei um papel e um lápis para escrever um cartão e fiquei pensando no que escrever: *Eu não a acho uma mãe maravilhosa, nem a melhor mãe do mundo, já não sei se a amo... Não tenho o que escrever que seja verdadeiro.* Então, a partir dali, não fiz mais. Não ia fingir sentir algo nem mentir com palavras doces quando meu coração estava cheio de amargura.

Meu pai não era perfeito, e, por mais que às vezes fosse ausente, omisso e tantas vezes que precisei não estivesse em casa nem me enxergasse de verdade, ele se esforçava. Quando estava em casa, chamava-me para conversar, perguntava como eu estava, lia alguns dos meus textos e poesias e me elogiava. Era bom, me fazia bem, mas ele e tudo isso não eram suficientes para que eu fosse feliz.

Todas as vezes em que a família estava reunida, a conversa sempre acabava com eles falando mal de mim com meu pai. Minha mãe dizia que eu era mimada e preguiçosa, que só pensava em mim, que era má e egoísta. Meus irmãos, ouvindo, concordavam e começavam a me atacar, apoiando minha mãe. Inventavam coisas para me atingir, falavam segredos entre si e diziam que minha mãe havia pedido que não me contassem, que era um segredo só dos três. Hoje sei que não era verdade, diziam isso para me ver triste, me atingir, me excluir; contudo, eu acreditava e cada vez me isolava mais. Diziam que tinham dúvidas se eu realmente ia para o céu porque era muito má e egoísta. Sentia-me ainda mais rejeitada pela minha mãe e tentava de todas as maneiras entender os motivos pelos quais ela não gostava de mim. O que eu tinha feito? Houve uma época em que achei que deveria ser adotada e talvez esse fosse o motivo. Alguma razão tinha de ter... e eu precisava descobrir por que minha mãe não me amava.

Às vezes sentia tanto ódio deles que imaginava como seria se eu os matasse, se os esfaqueasse até a morte e tudo o que eu diria enquanto os visse morrendo. E imaginei isso com prazer, e não com pesar. Hoje, depois de tanto ler e estudar sobre depressão, entendo que, em razão do meu estado de Depressão Maior ou Depressão Grave, já estava começando a desenvolver sintomas psicóticos, tudo por causa de um problema mental grave. E eu sabia que de fato estava ficando louca. Houve momentos em que ouvia vozes, via vultos, conversava com espíritos imaginários. Sentia tonturas, fraqueza, chorava segurando nas paredes e pedia a Deus que me ajudasse, que não me deixasse ficar louca e a não ser essa pessoa má que falavam, pois queria ir para o céu. Essa era a única esperança de paz que eu tinha.

> *Em casos mais graves de depressão a pessoa pode apresentar sintomas psicóticos que levem a atos de violência. Pode ainda ter alucinações, como ver vultos, ouvir vozes, achar que está sendo perseguida, coisas que podem levá-la a matar alguém ou a se matar.*[3]

A depressão estava me tornando um risco não só para mim, mas para aqueles que me rodeavam. O interessante é que a única realidade que me segurava e me impedia de muitas vezes agir era a vontade de ir para o céu. O que me diz respeito à salvação e ao plano de Deus para mim. Mesmo sem compreender, a salvação era meu sonho, meu objetivo, meu alvo! Aliás, era também o plano de Deus, e Ele introduziu isso em mim, no mais profundo do meu ser.

Sei que talvez minha mãe tivesse buscado no meu pai o que eu procurava num namorado e não foi o que ela esperava; precisava ser amada e não era errado querer atenção, mas eu não tinha culpa pela separação deles, por ele não dar atenção a ela, não ter sido o que ela esperava, ter se decepcionado com ele, pelo fim do casamento. Realmente,

---

3 Fonte: Neurologista Leandro Teles, integrante da Academia Brasileira de Neurologia (ABN). Disponível em: http://www.dgabc.com.br/Noticia/518206/depressao-pode-levar-a-atos-de-violencia-extrema. Acesso em 08/02/2018.

devia ser difícil para ela, depois de tudo pelo que passara e sofrera junto com ele, aguentar uma traição e separação, mas ela não soube lidar com isso e colocou sobre mim um peso insuportável, jogou nas minhas costas uma culpa que não era minha, descontou em mim todas as frustrações, decepções e humilhações que sofreu com ele e por ele. Me fez sentir uma adversária desleal, lutando contra minha mãe pela atenção e pelo amor de um homem, como se eu estivesse competindo com ela; me fez sentir mal por abraçá-lo, por conversar com ele, por aceitar o amor dele. Era meu pai e eu era xingada cada vez que me aproximava dele, que recebia atenção e carinho. Não queria magoá-la nem causar discórdia ou briga, só queria ser amada e viver em paz. Eu os amava, eles eram tudo o que tinha.

Minha mãe bebia praticamente todos os dias. Certa vez, eu estava arrumando a casa e ela bebendo e lavando roupa. Eu varria a sala quando, no rádio, tocou uma música romântica; parei e comecei a cantar. Minha mãe chegou de repente, me viu parada com a vassoura na mão e começou a gritar e me xingar, foi até a máquina de lavar, jogou todas as roupas molhadas no chão e disse que a partir daquele dia eu teria que lavar minhas roupas. Já que eu não queria arrumar a casa, ela também não ia lavar minhas roupas nem fazer mais nada para mim. Era para pegar as roupas do chão, lavar, passar e, se não fizesse isso, ela iria cortá-las; então, pegou uma tesoura e começou cortando uma meia. Fiquei tão abismada com sua reação e já estava tão cheia de suas bebedices e seus ataques de ira contra mim que sorri. Sorri porque ela parecia louca e eu não estava acreditando que aquilo tudo era porque estava parada e cantando uma música. Estava fora de si, como ficava sempre que bebia. Como sempre, começou o assunto da separação e eu disse que era melhor mesmo eu não ir com ela, que eu preferia ficar com meu pai. Ela não demonstrou, mas vi que não gostou. Um pouco mais tarde, ela disse para a minha irmã:

– Quando me separar do seu pai, vou levar você e seu irmão porque vocês têm o coração bom.

Dirigindo-se a mim, disse que não me levaria para morar com ela, porque eu era ruim e não iria para o céu quando morresse porque eu tinha um coração mau. Naquele instante, tive certeza de que minha mãe nunca havia me entendido e jamais me entenderia. Senti vontade de mandá-la ir para os "quintos", já estava chegando ao meu limite, não aguentava mais ser insultada, mas também senti vontade de sumir. Talvez sem mim ela fosse feliz. As palavras dela me marcaram por muito tempo, me feriram a alma; por mais de dez anos depois disso, essas palavras me faziam chorar. Sua expressão, a maldade, a forma como se referia a mim... Eu fazia de tudo para agradar, tudo o que podia, com toda a minha força, com toda a bondade e pureza de uma criança que só quer colo, com tudo o que eu achava que era certo, mas nada adiantava, nada lhe agradava, nada. Ela me fazia sentir podre, seca, deserta, má. Falava tanto que eu era má que me perguntava se essa maldade estava dentro de mim e eu não via, mesmo sabendo que minhas atitudes e intenções eram boas e puras, que só queria acertar, sorrir sem medo do julgamento dela. *Mas então por que ela e meus irmãos me achavam tão ruim, tão má? Por quê?* Por mais que tentasse, não conseguia entender e às vezes achava que realmente eu era má e não sabia que no fundo era um anjo mau, o motivo das discórdias, das brigas, das bebedeiras, de tudo de ruim que acontecia com a família. Que a minha simples presença causava sofrimento a eles, que o simples fato de eu existir os incomodava e não sabia o que fazer...

Outra vez, como sempre acontecia, quando ela chegou do trabalho, disse que a forma que arrumei a casa estava horrível e que eu não fazia nada direito, que não prestava nem para estender uma cama e que me colocaria de castigo sozinha no quarto. O que ela não sabia era que o quarto não era um castigo, mas meu refúgio. O único lugar da casa em que eu podia ficar sozinha e chorar até dormir.

Nas férias escolares daquele ano viajei para Goiânia, para a casa da minha avó. Uma prima evangélica me falou de Jesus e me disse para ler a Bíblia, começando pelo Novo Testamento. Fiquei emocionada. Uma noite fui à igreja com ela e minha avó e chorei muito. Na verdade, nem prestei atenção na palavra do Pastor, mas estar ali me emocionou, me trouxe lembranças e eu não consegui segurar, chorei bastante. Ela se preocupou, mas inventei uma desculpa qualquer... Não falava com ninguém a respeito das minhas dores e tristezas; não tinha coragem, tinha vergonha. Minhas melhores amigas, minhas amigas de infância nunca imaginaram que eu tivesse tido depressão, porque quando estava com elas fingia sorrir, estar alegre, fazia de conta que tinha uma outra vida, uma outra família.

Fiquei feliz por ela dizer que me amava e me aconselhar a ler a Bíblia para conhecer a Deus e saber qual a vontade Dele para minha vida. Ninguém nunca tinha me falado isso, mas, àquela altura, eu já estava possessa por uma legião de demônios e, mesmo sem saber, caminhando para um grande abismo.

Comecei na adolescência usando roupas curtas e sensuais. Gostava de provocar os garotos, mas não queria nada com a maioria deles, só queria ser desejada e amada. Pedia muito ao meu pai que me deixasse namorar porque achava que um namorado me faria feliz, me ouviria, me ajudaria, me tiraria daquele vazio escuro no qual eu vivia. Cheguei a tentar seduzir um rapaz comprometido com uma pessoa que eu amava, simplesmente por uma necessidade de atenção, de me sentir querida. Eles pareciam tão felizes, brincavam, divertiam-se juntos... Eu queria tanto alguém que me fizesse sorrir também. Não era algo malicioso, na verdade eu nunca tinha namorado alguém. E isso é uma das coisas das quais mais me envergonho na vida. Sei também que estava fora de mim, dominada e enganada.

Meu sonho era ter um namorado e quando completei 14 anos meu pai me deixou a namorar. O menino foi em casa pedir autorização e tudo, mas após dois meses eu já não o queria mais. Ele não me deu alegria, não preencheu meu coração, não foi como eu sonhava que seria namorar. Era um namoro superficial de adolescente, porque ele era mesmo um simples adolescente como eu. Eu só queria alguém que me ouvisse, que conversasse comigo assuntos sérios, que trouxesse alegria de viver, me protegesse, enxergasse minha carência e me desse um colo sem malícia. Não sei se o fato de já ter sido molestada tinha relação com isso, pois, se um garoto tentava me tocar de forma imprópria, sentia muito medo e fugia. Eu não queria sexo, queria colo. Queria talvez aquilo que esperava ter em casa: afeto, cuidado, atenção, compreensão...

Nessa época de adolescência, meu pai começou a desconfiar de tudo o que eu dizia; ele achava que sabia de tudo e que eu queria enganá-lo. Acho que já estava munido para isso, para esse momento, então achava que tinha alguma armação por trás, que eu queria aprontar alguma coisa e sempre me fazia a pergunta:

– Você acha que eu sou besta?

Como isso me irritava! Eu ficava irada! Ele achava que sabia de tudo e que eu queria (ou achava que poderia) enganá-lo. Pensei até que morar com minha mãe seria melhor, porque não suportava suas insinuações, achando-se tão esperto. No entanto, logo vinham as bebedeiras e ofensas da minha mãe e eu ficava perdida. Não sabia o que era pior, ou de quem tinha mais raiva. Um dia, chorando muito, lembrei-me do que minha prima havia me dito sobre Deus e resolvi ir a uma igreja evangélica e levei minha irmã comigo. Foi bom, e pensei: *Nossa, minha mãe tem que vir também!* Achei que ela pararia de beber ou quem sabe até me amaria. Minha irmã e eu imploramos, mas ela não quis, então desanimamos e nunca mais voltamos.

Dia após dia, eu pedia a Deus que me levasse para morar junto Dele, que me tirasse deste mundo. Já não pedia a

Ele que tivesse misericórdia da minha vida, mas da minha alma, caso conseguisse finalmente me matar.

Escrevi um testemunho de morte e dei para as minhas melhores amigas para que, se algo acontecesse comigo, o entregassem aos meus pais. Era na verdade uma carta de suicídio, na qual havia alguns pedidos e desabafos; elas me achavam meio doidinha mesmo, então minhas invenções não as surpreendiam tanto. Eu achava que iria morrer cedo, não tinha amor pela vida e não me imaginava uma mulher casada, feliz, realizada.

Numa época, comecei a me enturmar e fazer parte de um grupinho, em que me senti inserida, e isso era um sonho. Numa tarde resolveram ir ao shopping. Pedi autorização à minha mãe, mas ela não deixou. Precisava fazer parte daquele grupo, daquela galera, ter amigas, achava que isso me ajudaria a conseguir sair daquela depressão, então fui mesmo sem permissão. Quando voltei, minha mãe já sabia que eu havia ido e disse que quando meu pai chegasse iria contar a ele, porque não tinha motivos para esconder, já que eu não gostava dela. E a primeira coisa que meu irmão fez quando meu pai chegou foi contar. Ele não queria mais me bater, principalmente depois da última vez, quando fiquei toda marcada; então, como quando fiquei bêbada e ele me deixou de castigo por dois meses, fiquei de castigo novamente, dessa vez por tempo indeterminado. Não podia me afastar das minhas novas amigas, então decidi que a partir daquele momento faria tudo escondido e enganaria meus pais sempre que preciso. Achava que já não tinha nada a perder e que logo morreria, então tudo estaria bem. Comecei a achar que eu realmente não iria para o céu, portanto queria que eles me deixassem em paz.

No castigo, a depressão voltou a ficar insuportável, e eu não queria deixar isso acontecer, não queria me isolar novamente, perder aquilo que havia conquistado. Nesse período, tentei o suicídio de novo, mas, para minha infelicidade naquele momento, não morri.

Realmente comecei a lhes desobedecer, mas precisava daquelas amizades, dos passeios, das diversões. Ficar conversando com minhas amigas na rua era algo muito além do simples que possa parecer, era muito importante para mim. Precisava estar no meio de pessoas que me aceitavam, me respeitavam, fazer parte de um grupo de pessoas, saber que a vida não se resumia à minha família e ao inferno em que vivia; que existiam pessoas, lugares, acontecimentos, momentos bons fora do inferno da minha casa. Tinha de fazer o que as adolescentes normais faziam para me sentir normal.

Sei que, mesmo que meus irmãos não deixassem transparecer, aquelas situações também os atingiam. As necessidades e mudanças nem tanto, porque eles eram muito pequenos, mas a separação, as brigas, o alcoolismo da minha mãe e a ausência do meu pai também traziam sofrimento a eles, só que não sabiam expressar, ou até mesmo fingiam que nada estava acontecendo. Lembro-me da minha mãe bêbada abraçando meu irmão e ele, em silêncio, olhando-me com os olhos cheio de lágrimas... E iam para a rua brincar, brincavam para esquecer. Às vezes descontavam em mim, mas éramos apenas crianças, vítimas de uma vida dura, assim como meus pais.

Por causa do castigo, afastei-me das minhas novas "amigas" e acabei me desentendendo com uma delas e as três se voltaram contra mim. Passaram a me ameaçar, dizendo que iriam à escola me bater, passavam por mim na rua e me xingavam de palavrões horríveis, me humilhavam. Eu estava no segundo grau na escola, não conseguia estudar nem prestar atenção nas aulas e meus pais me cobravam e me ameaçavam com mais castigo. Eu estava chegando ao meu limite.

Fomos novamente a Goiânia e estar lá me fazia bem, estar com aquela família querida e de Deus me trazia paz, me fazia ter esperança, sentia-me uma pessoa melhor. Quando voltei para casa, fui com a intenção de ser uma filha melhor. Chegando lá, criei coragem de pedir ao meu pai que me levasse a um psicólogo, queria melhorar daquela tristeza, ser uma pessoa normal e uma boa filha. Ele estranhou o pedido e me questionou o porquê de eu querer um psicólogo. Eu disse que era para conversar (não tive coragem de dizer a verdade, que tinha vontade de morrer e havia tentado o suicídio). Ele me respondeu dizendo que, se eu tinha algum problema ou feito algo de errado, era para falar com eles, que eram meus pais, e não com um estranho. Passou a ficar desconfiado de que eu estava com segredos e aprontando alguma coisa. Senti-me muito frustrada e vi que realmente não conseguiria ajuda.

Alguns dias depois, ele me autorizou a ir a um passeio com uma colega do caratê. Fomos a um sítio com piscina que ainda estava em construção, então em volta era só barro e a água era suja e amarelada. Já em casa, minha boca começou a arder e mais tarde o herpes apareceu. No outro dia piorou e ao chegar do trabalho meu pai pediu para ver melhor. Ficou mexendo e olhando e, com um ar bem sério, me disse que já sabia o que era. Eu, inocentemente, perguntei o que era, pois nunca tinha tido herpes antes. Ele disse que era algo que se pegava com um beijo, mas falei que não havia beijado ninguém. Meu pai continuou afirmando que se pegava com beijo e outras coisas... Afastei-me na hora. Fiquei horrorizada, abismada, não acreditava que meu pai, meu pai coruja, que estava comigo todos os dias, a única pessoa em que eu confiava, meu amigo, poderia ter feito tais insinuações. Foi uma decepção tão grande, e nasceu ali um abismo entre mim e ele. A admiração e a confiança que eu tinha por ele desabaram. Se ele pensava que eu poderia ter feito isso, é porque esperava qualquer coisa de mim, ou seja, ele não acreditava nas minhas boas intenções, nas coisas que eu falava, na minha bondade, como dizia quando minha mãe me xingava. Naquele momento, simplesmente tudo de positivo que ele havia me dito um dia parecia ser falsidade, fingimento. Ele não me achava boa em nada, não me achava inocente contra as acusações da minha mãe e dos meus irmãos. Era tudo mentira.

Meu pai começou a juntar o fato de eu ter pedido para ir ao psicólogo com a ferida na minha boca e me disse:

– Você não imagina o que está passando na minha cabeça sobre o que é isso na sua boca.

– Imagino, sim – falei e saí com ódio.

Será que ele pensa que sou como essa mente poluída dele?, pensei comigo.

Naquele exato momento, meu paizão tinha morrido. Aquele homem dentro de casa era um estranho que não me conhecia e que me ofendera profundamente. Naquele dia todo o sentimento de ternura, carinho e consideração que eu tinha por ele havia descido pelo ralo. Cansada da indiferença da minha mãe e das maldades dos meus irmãos, aquilo foi a gota d'água. Mesmo assim, continuei a insistir para que ele me levasse a um psicólogo, mas meu pai sempre resistia com a mesma desculpa.

O fato de eu sentir aversão a qualquer tipo de assunto relativo à vida sexual das pessoas, mesmo que em piadas, e de eu me sentir mal e constrangida em sequer tocar nesse tipo de assunto talvez tenham me decepcionado mais. E eu achava que pelo menos meu pai sabia que eu não era má, perversa, que pelo menos ele me achava boa. Talvez tudo o que eu quisesse era que ele me protegesse do que aconteceu, acreditando que eu era pura. Mas não. Naquele momento, vi que eram todos iguais.

> *[...] "Vinde e voltemos para Yahweh, porquanto ele nos arrebentou, mas haverá de nos curar; ele nos feriu, mas cuidará de nossas chagas.* (Os 6:1)

CAPÍTULO IV

A REVOLTA E O ENCONTRO

Morte

Várias vezes passei perto de você
Por várias vezes tentou me ganhar
Não sei como pude lutar e suportar
De onde veio a força para te combater e vencer
Uma força estranha que até hoje não posso entender
Que se apegou a mim e me deixou viver
Posso senti-la, mas não posso ver nem compreender
E só uma coisa me interessa tanto quanto saber de onde vem...
É quando vai me deixar

ADOLESCÊNCIA

Com o passar do tempo, a depressão se transformou em revolta. Havia me cansado de querer ser uma boa filha, uma filha exemplar. *Eles não ligam mesmo*, era o que eu pensava. Procurava lhes agradar, sempre tentando não os decepcionar, procurando provar que eu não era má nem egoísta, que merecia ser amada, mas não adiantou nada. Sempre desconfiavam de mim, achando que eu era ruim, que por trás da minha pele de cordeiro tinha um lobo mal, então desisti de querer ser amada, me reprimir, decidi viver do meu jeito. Não queria mais o amor deles, não precisava ficar mendigando por um pouco de carinho. Resolvi viver minha vida, independentemente deles ou do seu amor. Não queria mais saber se eles eram bons ou ruins para mim, pouco me importava. Pensaria em mim, ia tentar ser feliz e amada, e buscaria isso custasse o que custasse.

> *Ainda que meu pai e minha mãe me abandonem, o SENHOR me acolherá.* (Sl 27:10)

As meninas da minha rua ficavam sempre me ameaçando, me xingavam na frente dos meus amigos e eu não fazia nada porque eram três, e, mesmo se fosse uma, tinha medo. Eu só havia brigado uma vez na escola e não tinha ideia se era forte ou fraca. Fazia caratê havia dois anos, mas não sabia se conseguiria usar o que tinha aprendido numa briga de rua entre meninas. Cheguei a pedir aos meus pais para mudarmos daquela rua, disse-lhes o motivo, mas não deram atenção; para eles, não era nada. Percebi então que teria de encontrar uma solução sozinha.

Desde que nos mudamos para aquela rua, a 13ª mudança de casa da minha vida, conheci uma menina chamada Tatiana, que logo se tornou minha melhor amiga. Ficamos brigadas uma vez, mas voltamos a amizade exatamente no momento em que as meninas me ameaçavam. E era amizade verdadeira, a maior de todas. Uma amizade que nasceu nos momentos das maiores tristezas da minha vida. Ela estava lá quando eu tinha a cabeça cheia de piolhos e as outras meninas tinham nojo e medo de pegar. Ela estava lá quando eu queria me matar, mesmo que ela não fizesse ideia disso. E estava lá quando eu via tudo escuro e me sentia tão só. Ela era a única pessoa que me fazia sorrir. Quando eu me sentia tão indigna, ela me chamava de amiga.

Cansada de tantas humilhações e ameaças das meninas e sem saber mais a quem recorrer, tive a ideia de achar um namorado que fosse bandido para me defender. Comecei, então, a ficar com o Diogo, de quem até gostava, mas um dia umas das meninas passou por nós e me xingou na frente dele, e ele não fez nada. Isso me decepcionou, então terminei com ele sem explicar o motivo.

Numa noite falei para o meu pai que ia para a casa da Tatiana. Passei por lá e depois fui para uma festa. Por volta da meia-noite, retornei para a casa dela e de lá liguei para o meu pai inventando que ainda não tinha ido para casa porque estava deitada com ela no quarto e acabara pegando no sono. Pedi para dormir lá, mas ele não deixou. Eu já sabia que ele não deixaria, mas pedi apenas para ser mais convincente, então baguncei o cabelo, cocei bastante os olhos para incharem um pouco e fui para casa com cara de sono. Ele nem desconfiou. Estava começando a enganá-lo de verdade e foi emocionante.

Na escola, conheci um menino que parecia ser bem mala (bandido) e depois de algumas semanas começamos a namorar. Ele morava na quadra 4 e fiz muita amizade lá. Foi por intermédio deles que aos 14 anos peguei pela primeira vez em uma arma, um 22, e depois disso, por meio deles, também peguei num 32 e em um 38. A 9 milímetros que peguei era dos filhos do padre da principal igreja católica da cidade, que havia colocado um monte de rapazes para morar numa casa. Eram ex-traficantes, que usavam a casa e o padre para acobertar as armas e drogas que vendiam. Na primeira vez que me emprestaram o 22, fiquei com ele uma semana; ia com ele para todo lado, levava até para a escola. Andar armada me dava uma enorme sensação de segurança e poder. Passei a ter fascínio por armas e já fazia planos: queria ter uma só para mim e, depois, um arsenal. Guardava o 22 em casa em uma das minhas gavetas, um lugar bem simples em que eu sabia que ninguém iria procurar. Quando peguei aquela arma, coloquei na cintura e fui embora. Só pensava em como iria aproveitar aquela oportunidade e só me lembrava da Ivone. Queria estrear nela. Fui para casa pensando que, se a encontrasse pelo caminho e ela falasse comigo, iria usar o meu mais novo brinquedo sem pensar duas vezes, sem me importar com as consequências.

Eu não estava nem aí para nada, só queria saber de aproveitar o poder que estava nas minhas mãos e me vingar. Queria sangue, mais especificamente o sangue dela. Por vários dias fiz de tudo para esbarrar com ela, mas por incrível que pareça não a vi durante toda aquela semana em que estive com a arma. Ela morava na minha rua, numa casa quase ao lado da minha, eu a via todos os dias, várias vezes por dia, e parece mentira, mas durante todo esse tempo não a vi. O ódio que sentia era tão grande que hoje eu poderia ter me transformado em uma assassina, mas Graças a Deus isso não aconteceu. Se a encontrasse, não falaria nem pensaria em nada para não ter tempo de raciocinar. Chegaria atirando.

Comecei a andar com roupas folgadas, calças e camisas bem largas, usava umas correntes de prata no pescoço e os dedos cheios de anéis de coruja e caveira com os olhos vermelhos. Tinha três furos em uma orelha e dois na outra. Exceto pelo que minha mãe havia furado quando nasci, os demais foram feitos pelo meu irmão em casa, alguns sem nem colocar gelo. Eu usava dois brincos em um mesmo furo e um outro virado ao contrário, que eu considerava um símbolo: todo lado ruim tem um lado bom, e vice-versa. Desconhecia a bondade e a justiça de Deus e a incapacidade do diabo de amar e ser bom. Estava adorando o meu novo eu, falava, fazia e ia para onde me dava vontade, pensava em mim em primeiro lugar. Sempre quis ser daquele jeito, livre física e mentalmente. Era demais! Mesmo que meus pais quisessem, já não poderiam me impedir de ser assim. Meu pai não ficou muito satisfeito com o meu novo visual e perguntou por que eu estava andando com aquelas roupas.

– Porque sim! – respondi sem admitir que ele reclamasse, já que não me deixava usar roupas curtas.

Era tudo tão diferente. Eu estava vendo a vida com outros olhos, saía para os lugares e via coisas que antes não via, tantas pessoas armadas, inimigos mortais, no mesmo lugar, se encarando, só esperando um piscar de olhos para começar a guerra. A cada saída para festas, shows ou qualquer outro lugar em que havia muitas pessoas reunidas, era um clima tenso, de apreensão, de observação. Tínhamos de estar sempre preparados para qualquer coisa e estávamos prontos para matar ou morrer.

O Diogo ainda gostava de mim e não estava conformado com o fim do namoro, então resolveu que ia matar o Leonardo. Numa noite, ele sabia que o Leonardo iria à minha casa e chamou a galera dele. Foram virando a esquina de dois em dois, e de repente 15 meninos nos esperavam. Um deles, conhecido como Bonde, levantou a camisa me mostrando uma arma e disse:

– Olha o que eu tenho para o seu namoradinho!

Corri para ligar para o Leonardo e pedir que não viesse, mas ele já havia saído. Os meninos perceberam que eu estava ligando e resolveram ir atrás dele, e fui também. Quando cheguei, o tiroteio já havia começado. Uma senhora passava pela rua e se abaixou ao ouvir os tiros, depois correu. Eu estava muito preocupada com o Leonardo, então, mesmo com o tiroteio intenso, entrei na quadra para ver como ele estava. Quando cheguei, eu o vi se escondendo atrás de uma pilastra do prédio. O Diogo havia atirado nele, mas errara, então os meninos da 4 chamaram os meninos do Denóx (uma favela próxima a nossa casa) para ajudar. Eles vieram e trocaram alguns tiros com os meninos que estavam com o Diogo, que eram do conjunto B da quadra 2. Tínhamos de andar por trás das pilastras dos prédios, como nos filmes. Logo depois a polícia chegou. Os meninos do B saíram correndo e os do Denóx esconderam as armas e jogaram os projéteis (conhecidos popularmente por balas) reservas que estavam no bolso embaixo dos carros. A polícia revistou todo mundo e foi embora sem prender ninguém.

No outro dia, o Leonardo foi passar uns dias na casa de um tio em Taguatinga, outra cidade-satélite de Brasília. Tinha saudade dele, mas sentia alívio por saber que estava seguro. E logo ele voltou. O Diogo ainda não estava conformado e vivia ameaçando pegá-lo na escola, e ele saía mais cedo. Uma noite estávamos Leonardo e eu na rua dele conversando quando o Diogo chegou. Como estava desarmado, chamou o Leonardo para briga, que, com medo, não aceitou. Com isso, fui parando de gostar dele. Era uma pessoa legal, bonzinho comigo, mas não era o menino que eu estava procurando. Vestia-se como mala (bandido), mas era quietinho e tímido, e eu queria alguém perigoso para me defender, então, mesmo com pena, terminei o namoro.

Uma menina que sabia que eu estava com raiva do Diogo me apresentou a um policial e perguntou se ele o mataria para mim. Ele disse que o mataria e ainda me daria a arma que estivesse portando na hora em troca de certa quantidade de cocaína. Fiquei entusiasmada, mas no fundo ainda gostava do Diogo e passei a vê-lo com outros olhos depois que demonstrou coragem, então deixei para lá.

Meu objetivo era subir cada vez mais as escadas da vida no crime. Queria, quem sabe, chegar ao topo, comandar. Sempre ouvia falar dos chefões do crime, mas queria ver a história um pouco diferente, com uma mulher dando as ordens.

Mesmo com várias e várias oportunidades, não experimentava drogas, pois não era isso que eu queria para mim. Não pretendia ser uma viciada, uma drogada, queria ser traficante, ter um negócio, ser criminosa. Queria poder e sabia que se me viciasse perderia o controle de minhas atitudes, passando a consumir do que era para ser vendido. Nem beber eu bebia para estar sempre alerta. Era "esperta", meus passos eram calculados e pensados e sabia que se me viciasse pararia de usar a inteligência, vivendo em função do vício. Não veria coisas que eram para ser vistas, mas, sim, aquilo que não tinha nada a ver.

Àquela altura do campeonato, achava que não iria para o céu, que Deus havia desistido de mim, então não tinha motivos para fazer o bem ou me impor limites. Fazia o que queria e achava melhor, ia atrás de um objetivo e não me desviava dele.

[...] "Por motivo algum te abandonarei, nunca jamais te desampararei". (Hb 13:5b)

Tinha acabado de entrar para o segundo grau e quase não ia à aula, faltava praticamente todos os dias; quando ia, só assistia a um ou outro horário, ou passava a aula toda dormindo. Muitas vezes, ficava na garagem de casa dormindo dentro do carro do meu pai, enquanto achavam que eu estava na escola. Tinha perdido totalmente o interesse pelos estudos, as esperanças de alegrar meus pais com boas notas. E meus amigos também não estudavam. Para ser uma criminosa, a escola era a rua.

As meninas da minha rua continuavam me ofendendo e cada vez piorava mais. Viviam me ameaçando, e era horrível. Eu precisava tomar uma atitude rápido. Numa certa noite, estava passando na minha rua e a Ivone disse que no outro dia iria à escola me pegar. Só que a história toda começou por causa de um relacionamento que tive com um menino de quem a Cristina gostava. Minha confusão era com ela e a Ivone só estava tomando as dores. No dia seguinte à ameaça, na escola, conversei com as meninas do colégio (duas irmãs gêmeas que tinham moral; ninguém queria encrenca com elas) e avisei que elas iam lá me pegar. Combinamos que a briga seria só com a Cristina. Se a Ivone e a Patrícia entrassem na briga, o colégio todo entraria também. A Ivone não teve escolha, mas perguntou para a Cristina se ela aceitava. Com vergonha de dizer que estava com medo, aceitou. Bati muito nela, nem eu sabia que tinha tanta força. Estava com um ódio tremendo, como se precisasse matá-la.

Eu a derrubei no chão e comecei a pisar na cabeça dela com toda a força. Quando ela conseguiu levantar, segurei a cabeça dela e passei a dar joelhadas no rosto dela. Estava fora de mim e sentia como se tivesse de acabar com ela por uma questão de sobrevivência. A menina ficou bastante machucada, com olho roxo, e eu não senti dor nenhuma, somente ódio. Nem dei tempo para ela reagir, coloquei meus dois anos de caratê em prática naquele momento.

Após a briga, fiquei uma semana com febre. Aquilo não me afetou fisicamente, mas, sim, espiritualmente. Depois que melhorei e fui para a rua, só escutei comentários sobre a briga e como eu havia batido na Cristina. Na escola, as pessoas vinham me cumprimentar e quem não me conhecia se apresentava, dizendo que tinha assistido ao ocorrido. Fiquei famosa por lá.

Uma menina da minha sala gostava do Lucas (meu único amigo na escola) e tinha ciúmes de nós, porque conversávamos muito. Nós dois passávamos muito tempo juntos, às vezes ela vinha tirar satisfações comigo, mas eu a mandava ficar de fora. Certa vez, apareceram escritas na parede ofensas contra ela, e um amigo seu me disse que a garota estava achando que tinha sido eu a autora daqueles xingamentos, então perguntei:

– E por que ela não vem tirar satisfações comigo?

– Ela não é doida! Ela viu a sua briga!

Fiquei surpresa e achei o máximo!

Pensei que depois disso a confusão com as meninas finalmente acabaria, mas a Ivone ficou com mais raiva e começou a me caçar. Eu tinha, então, de sair escondido de casa e mais cedo da escola, dava uma volta para não passar na frente da casa dela, e o fato é que já não estava mais aguentando aquela situação humilhante. Percebi que brigava bem, mas ainda assim não tinha coragem de brigar com ela. Estava com ódio e vontade de matá-la.

Faltando exatamente cinco dias para o meu aniversário, uma menina com quem eu estava brigada contou para a minha mãe que eu guardava o revólver 22 em casa. Minha mãe, então, falou tudo para o meu pai, que me chamou para ter uma conversinha. Sentamos sozinhos, frente a frente, e ele me perguntou se era verdade, ao que eu neguei com firmeza. No fundo, ele achava que eu estava mentindo, mas não tinha como provar. Jogava verde tentando me pegar na mentira, mas eu não caía; mentia, negava tudo, falando sério, olhando nos olhos dele e sem gaguejar. Pensava muito rápido e inventava uma desculpa mais rápido ainda. Surpreendia-me comigo mesma e estava gostando do desafio e, principalmente, do resultado. Sabia que meu pai era esperto, acontece que ele não tinha consciência do quanto eu também era e estava na vantagem. Eu sabia com quem estava lidando, ao contrário dele, que já não fazia ideia de quem eu era.

Daquela conversa, que era para ter sido séria e tensa, eu me livrei sem problemas. Eu havia gostado do teste. Foi como um jogo, uma disputa de astúcia e inteligência entre nós dois. E ele, que se achava tão superior... No final, senti-me vitoriosa e feliz, pois meu pai não conseguiu me pegar.

Já estava acostumada a mentir e acreditar na mentira para convencer sem demonstrar qualquer emoção.

Completei 15 anos e não queria parabéns ou coisas fofas, apenas poder convidar meus amigos e curtir, então fiz um churrasco: tirei todos os móveis da sala e colocamos jogo de luz, todos os meus amigos beberam à vontade, e tinha gente demais. Estavam todos armados e teve várias trocas de olhares e ameaças entre rivais. Ia ter tiroteio, mas resolveram deixar a confusão para outro dia em consideração ao meu aniversário. Disputavam a minha atenção e eu estava radiante, simplesmente amando aquilo tudo. Num dado momento, fomos a um beco próximo e tiramos várias fotos com armas em poses diferentes.

O Diogo e a Mariana assumiram o namoro, mas ainda assim ela me pediu para armar para ela ficar com o Luquete, um dos meninos da 4. Na noite em que iam ficar, fui combinar com ele e nós dois encontramos o Bob, que estava no prédio dele, porém sem as chaves para abrir o portão. De repente, o Diogo chegou na garupa de uma moto, com a mão para dentro da jaqueta. O Bob gritou para que a mãe, que morava no terceiro andar, jogasse a chave pela janela, e o Diogo aproximou-se e se preparou para atirar. Quando o portão finalmente foi aberto, o Diogo disparou três tiros em nossa direção, fazendo o Bob e o Luquete correr para dentro do prédio. Eu só me abaixei, coloquei a mão sobre a cabeça e voltei para trás. Os três tiros acertaram as pilastras do prédio e eu, a única que permaneceu do lado de fora, não fui atingida por uma questão de segundos. Foi Deus quem me segurou, pois, se eu tivesse entrado atrás dos dois, teria sido alvejada.

Como já descrevi antes nestas páginas, essa não foi a primeira nem a última vez que o Senhor claramente me livrou da morte. O diabo – que antes queria me destruir por meio de acidentes, doenças, usando minha família e até a mim mesma para esse fim – muitas vezes me colocava diante da morte, mas fazia tempo que eu não sentia medo dela.

> *Os laços da morte me envolveram e, surpreendido pelas tribulações do inferno, encontrava-me em profunda angústia e tristeza.* (Sl 116:3)

Eu fazia muitas amizades masculinas. Os meninos gostavam de mim porque eu não abaixava a cabeça para eles; tinha mais medo de mulher do que de homem, a quem eu enfrentava e encarava. Eles ficavam abismados e fascinados com a minha ousadia, e isso os atraía.

Sempre ouvia um amigo, conhecido como Gago, falar de um tal de Marcelinho, que fazia isso e aquilo, que era assim e assado. Comecei a sentir curiosidade e vontade de conhecê-lo. Parei de usar roupas largas e voltei a vestir minhas roupas curtas, pois percebi que não seriam as roupas feias que fariam as pessoas me respeitarem ou temerem. Eu precisava de algo mais. Numa tarde, na porta da escola, um menino pegou na minha mão e se apresentou como Marcelo, perguntando o meu nome. Antes que eu respondesse, outro menino, que também era mala (bandido), conhecido como Papel, gritou:

– O nome dela é Carol.

Ainda segurando a mão do Marcelinho, perguntei para ele:

– Como é que você sabe meu nome?

– Das quebradas aí!

Amei o que ele disse, sinal de que a minha popularidade estava maior do que eu pensava.

– Você é linda, Carol – ele gritou ao sair.

Eu o achei uma gracinha, mas não comecei a gostar dele naquele momento. No dia seguinte, na hora do almoço, ele e o Papel foram lá em casa, chamando-me para ir à padaria. E fui. Quando estávamos subindo a rua, o Papel falou para ele:

– A Carol gosta de menino que tem homicídio.

O Marcelinho então tirou um revólver calibre 38, cano longo, de dentro da blusa.

– Então vou te matar agora, Papel! – ele comentou.

Os dois começaram a sorrir. Eu pedi para que guardasse a arma rápido e ele obedeceu.

Chegando à padaria, ele me mandou escolher qualquer coisa que eu quisesse. Naquela idade, não estava acostumada com um menino que tivesse condições de me levar à padaria e comprar o que eu tivesse vontade. Depois, ficou insistindo para ficar comigo, mas eu não ficava com alguém assim, do nada, sem conhecer direito, então inventei que tinha namorado. Ele perguntou quem eu namorava e inventei que era um amigo meu chamado Alex.

O Marcelinho e o Papel eram da quadra 1 e os verdadeiros criminosos da cidade. Eles sim eram temidos e respeitados, e não só ali, mas também nas cidades vizinhas. Nessa quadra, conheci também um menino chamado Pitoco e no mesmo instante houve empatia. Tempos depois, ele disse que gostou de mim de cara porque eu estava usando uma camiseta dos Racionais MC's e achou interessante. Falou que o meu jeitão o atraiu, porque não gostava de meninas patricinhas e eu era diferente. Fomos à casa da Mariana e lá o Marcelinho me chamou para conversar, porque já sabia que eu havia mentido e não tinha namorado. Ele pediu para ficar comigo e eu, mesmo sem vontade, não tive como escapar. Após uns cinco minutos, falei que tinha de ir embora. Eu sabia que ele era mala (bandido) de verdade, mas não tinha certeza se ele iria gostar mesmo de mim. Não queria apenas um namorado bom para me proteger, mas alguém carinhoso que gostasse de mim de verdade, me zelasse e, por mais que fosse mau com os outros, fosse bom para mim, me desse valor, me tratasse como alguém importante e especial, e que me ouvisse. Eu não sabia se ele seria assim e ainda gostava um pouco do Diogo.

Um dia depois, em frente à casa da Suzana, ele novamente me chamou para conversar e se declarou. Falou que ficou pensando em mim o tempo todo, que nunca tinha sentido aquilo antes, mas eu o tratei com frieza. Ele estava todo sorridente e eu, doida para ir embora, então pedi que fôssemos embora depois de uns dez minutos. No domingo seguinte, eu o encontrei por acaso na quadra 8 e ele queria andar de mãos dadas comigo na frente de todo mundo, para que soubessem que nós estávamos juntos. No entanto, eu não queria isso, pois não gostava dele e não sabia se aquilo ia ter futuro. Para escapar, falei que no domingo seguinte nos encontraríamos de novo, mas era uma desculpa, nesse dia eu iria a um show. Acontece que o Marcelinho me tratava tão bem, me elogiava tanto, que a partir de então percebi que estava começando a gostar dele, que talvez fosse ele a pessoa que eu procurava. Em novembro daquele ano, portanto, ele me deu um anel e me pediu em namoro. Eu fiquei muito feliz e aceitei.

Ia ter um frevo (festa) de um menino muito mala (bandido) na quadra 1. Meu pai descobriu os convites guardados em casa e os tomou de mim, achando que assim não daria para eu entrar na festa. O que ele não sabia, porém, era que mulher não precisava de convite; então, no dia da festa, saiu e nem se preocupou, certo de que eu não iria. Por volta das 23 horas, meu pai ainda não havia chegado e minha mãe e meus irmãos tinham ido dormir. Acordei minha irmã, pegamos a roupa que já estava preparada, separada e escondida, nos arrumamos e deixei o pijama na varanda de casa, para que quando chegasse pudesse me trocar antes de entrar. As meninas já estavam na esquina me esperando. Fui de bermudão, bustiê e chinelo. Esse era o meu estilo, ousada e malandra. Apesar do bermudão, a roupa era bem sensual, pois a barriga ficava à mostra. Chamei bastante atenção e todos repararam em mim.

Chegando lá, encontrei o Marcelinho, que me apresentou para todos como sua namorada. A droga rolava solta e via um ou outro menino se drogando pelos cantos. A festa estava ótima e os meninos fizeram uma rodinha para uma batalha de rap, quando há ameaça pela dança. Na festa só havia bandido, dos mais medrosos aos mais corajosos; tinha um, o Leozinho, com quatro assassinatos a sangue frio nas costas. Eu já era conhecida e fazia parte da bandidagem de Brasília. Digo de Brasília, porque os bandidos de Sobradinho, os mais perigosos, eram conhecidos em outras cidades e vice-versa. Marcelinho, Papel e Leozinho faziam parte dessa "elite", e eu, como namorada de um deles e amiga dos outros, já era, digamos, da família, a família do crime.

No auge da festa, aparecem duas "baratinhas" (apelido das viaturas da época) e um camburão, chegando a toda velocidade, cheios de gambés (policiais). Eles mandaram os meninos ficarem de um lado e as meninas de outro, gerando muita confusão. Foi então que ouvimos dois tiros disparados pela polícia; num bar em frente, as pessoas se levantaram gritando, desesperadas com o tiroteio. A polícia portava armas enormes, e o dono da festa reclamou com eles, mas levou um tapão na cabeça e, em seguida, teve gás lacrimogêneo espirrado no rosto. Revistaram o local e não acharam nada, pois as armas estavam escondidas do lado de fora e a droga, não sei onde. A polícia, porém, levou dois meninos e todo mundo da festa foi atrás, enquanto Marcelinho levava minha irmã e eu para casa. Chegando lá, percebi que meu pai ainda não havia voltado e minha mãe e meu irmão ainda dormiam, sem nem sonhar que havíamos saído.

No domingo seria o dia do show do Araketu, mas meu pai já havia falado que eu não poderia ir. Como não tinha dinheiro, o Marcelinho me deu três "dólar" de maconha para vender e conseguir o dinheiro; assim, comecei no tráfico.

Vendi para o Luquete, que não me pagou, então fui com o dinheiro de um calote que dei com a venda de umas rifas, mas falei para o Marcelinho que havia recebido o pagamento. Ele desconfiou e volta e meia me perguntava de novo, porém o Luquete era meu amigo das "antigas", a quem eu considerava muito. Se eu dissesse para o Marcelinho que ele não tinha pagado, com certeza iria pessoalmente cobrar a dívida e não deixaria barato. Enquanto me arrumava, minha mãe falou que não me dava permissão para ir, mas, calada, simplesmente me arrumei e saí na cara dela, passando por cima do não e de sua autoridade.

O pessoal alugou um ônibus, que estava lotado, e fomos o trajeto todo dançando e cantando. No show, o que eu queria mesmo era andar com as meninas, mas o Marcelinho não saía do meu pé. Nós brigamos e eu joguei o anel que ele havia me dado na cara dele. O irmão da Tita, o Pipico, só ficava me olhando e pediu para ficar comigo, mas é claro que recusei. Gostava muito do Marcelinho, porém às vezes queria um pouco de liberdade, e ele vivia grudado em mim. Num outro momento do show, ele entrou numa confusão por ciúmes de mim, e o negócio só não ficou feio porque não pôde entrar armado. Ele tinha muito ciúmes e não me largava para nada. Isso era bom, mas eu queria curtir. No fim das contas, esse show foi mais uma aventura, e logo depois voltamos ao normal como dois apaixonados.

Numa noite, na quadra 1, o Marcelinho me apresentou a um amigo, o Cascão, que chegou de bicicleta a um bar em que estávamos. A primeira impressão que ele me passou foi de um maluco ou canibal: tinha os olhos fundos e com olheiras roxas ao redor, faltava-lhe um dente e me parecia bem esquisito. Tive até um pouco de medo, mas, conhecendo-o melhor, passei a considerá-lo um grande amigo, pessoa com quem eu poderia contar a qualquer momento. Ele me defendia e se fazia de cupido quando eu brigava com o Marcelinho. Ria muito dele, porque era muito doido. Quando ele pedia para ficar com uma menina e ela não aceitava, batia nela, no mínimo dando um soco ou uma "banda". Eu achava graça...

Numa tarde, estava na porta de casa conversando com o Diogo quando o Marcelinho chegou com o Papel e a Suzana. Ao vê-lo lá comigo, ele fechou a cara, porém não falou nada e fomos todos para um bar. De repente, o Marcelinho me perguntou o que era "aquilo" vermelho no meu pescoço. Eu respondi que não sabia, e não sabia mesmo. Ele repetiu a pergunta e eu novamente disse que não sabia, então me levantei e perguntei à Suzana o que havia no meu pescoço, porque não dava para eu ver. Ela me disse que deveria ser uma picada de algum bichinho. O Marcelinho se levantou e começou a andar de um lado para o outro com cara de ódio. Quando ele estava assim, sabíamos que alguma coisa ia acontecer, portanto ficamos apreensivos, esperando sua reação. Marcelinho, então, deu um chute na cadeira em que o Diogo estava, quebrando-a. Mesmo sendo maior e mais forte que o Marcelinho, o Diogo não falou nada, somente suspirou um "ai" enquanto caía no chão. Gostei da coragem e atitude do Marcelinho, mas era amiga do Diogo e me senti na obrigação de defendê-lo. Como estava querendo ir à festa solteira, aproveitei a oportunidade e terminei com ele de novo.

Nessa mesma tarde, fiquei sabendo que ele tinha ido à escola do Pipico e dado um esbarrão nele; que, em outro dia, havia dado um tapão na cabeça do Bonde e jogado o boné dele na lama, e que, no dia após eu terminar com ele, foi à escola do Diogo, atirando nele à queima-roupa. O Papel, porém, tirara as balas porque também era amigo do Diogo. Gostei bastante ao saber que ele estava indo atrás de um por um por ciúmes de mim.

Numa noite, estávamos todos em frente à casa da Suzana, inclusive o Marcelinho, mas nós não conversamos. Na hora de ir embora, chamei o Pitoco para me levar em casa e fomos a pé, deixando o carro em frente à casa dela. Quando chegamos, ele disse que estava com medo de voltar porque sentia que o Marcelinho ia matá-lo. Eu, então, sugeri que pedisse para alguém buscar o carro, mas ele não quis. Eu fiquei preocupada, mas não pude fazer nada (eles eram amigos desde criança, então não achei que o Marcelinho faria algo). No dia seguinte, quando cheguei da escola, a Mariana foi me avisar que o Marcelinho tinha dado três tiros no Pitoco: um mascou, o outro não pegou e o terceiro acertou a perna. Corri para o hospital e fui a primeira a vê-lo. Estava com vergonha, pois algumas pessoas falavam que era minha culpa, mas ele não pensava assim e nós dois choramos. Escrevi uma carta pedindo que ele me perdoasse caso eu voltasse com o Marcelinho, porque o amava. Ele me respondeu dizendo que não ficaria com raiva, já que eu gostava dele.

Marcelinho e eu conversamos, ele disse que me amava, me deu outro anel e voltamos mais fortes do que nunca. Àquela altura, eu estava amando-o loucamente e achava que não saberia viver sem ele. Já não ficava mais em depressão, e pelo amor, carinho, cuidado e proteção que ele me dava sentia-me poderosa ao lado dele. Desde que começamos a namorar, as meninas da minha rua nunca mais mexeram comigo, nem olhavam na minha cara. Os namorados delas tinham medo dele e até gente que eu não conhecia abaixava a cabeça quando eu passava. Todo mundo tinha medo, porque o Marcelinho era frio e não tinha dó. Se você me visse na rua naquela época, leitor, certamente também teria medo, e provavelmente mudaria de calçada para não esbarrar comigo.

Na escola, todo mundo queria ser meu amigo. Na hora do lanche, gente que eu nem conhecia me dava dinheiro. Era ótimo: eu passava e pessoas me cumprimentavam, pois me conheciam ou já tinham ouvido falar de mim. Minha sala de aula era toda pichada por mim, nas quais escrevia letras de rap, frases e assinava como era conhecida, Carol Crime.

Chegou o dia da festa na Suzana. Minha irmã, a Mariana, a Tita e eu iríamos dormir na casa dela, então pudemos ficar na festa até o fim. Eu me diverti bastante. Como era de costume, no final da festa o Marcelinho deu alguns tiros para cima, porque estava superfeliz e essa era uma das maneiras de ele se expressar. Não saiu de perto de mim, brincamos, sorrimos. Ele era bem-humorado e sorria muito quando estava comigo, mas também não tirava os olhos de mim. Ai do rapaz que se aproximasse!

Meu pai descobriu que eu estava namorando o famoso criminoso da cidade, o tal do Marcelinho, mas eu disse a ele que tínhamos terminado. Todo mundo, inclusive meu pai, pensava que eu estava correndo perigo ao lado dele, porque poderia me fazer mal, mas isso não era verdade. No entanto, mesmo que fosse, eu continuaria em frente.

Certa tarde, fui com o Marcelinho à sua casa pegar dinheiro para tomar sorvete. Lá ele puxou uma mala que estava debaixo de uma cama e nela, por baixo de algumas poucas roupas, havia armas e um monte de dinheiro, muitas notas altas. Ele morava com a avó, uma tia e um tio; a mãe era garota de programa e o pai, traficante, e quem fornecia armas para ele. No dia em que atirou no Pitoco, o pai do Marcelinho brigou com ele porque não o matou. Ele dizia que a gente só deve atirar se for para matar.

Ninguém da família do Marcelinho dava atenção para ele. Todos o desprezavam, talvez por ele ser do jeito que era, mas, assim como eu, um dia deveria ter sido um bom menino que foi procurar uma maneira de esquecer ou preencher um vazio. Tinha um olhar triste e penetrante, parecia que eu podia ver sua alma e todo o seu sofrimento. Ele só tinha a mim e eu a ele. Estávamos em busca da mesma coisa; ele cuidava de mim e eu cuidava dele. Eu o vigiava para não beber muito e brigava com carinho quando usava droga. Ele nunca me ofereceu nem bebida, jamais usou droga na minha frente, me respeitava, me protegia, me supria. Eu dava a ele todo o amor que existia dentro de mim e me identificava com ele. O Marcelinho era mais do que um namorado, um amigo, e mais do que eu poderia desejar naquele momento.

Apesar de parecer tão mau, eu sabia que havia algo de bom nele. Era muito bem-humorado, carinhoso, amoroso, sorridente (pelo menos quando estava comigo) e muito sensível. Uma vez, ele e o Papel levaram minha irmã e eu para comer pizza. Eu tinha aquelas coisas de menina, vergonha de comer na frente do namorado, por isso não comi. Permaneci calada e pensativa enquanto eles comiam. O Marcelinho me deu um chocolate, pois sabia que eu gostava muito, ao que agradeci. Guardei para comer depois e continuei calada. Ele se levantou, me chamou e, segurando minha mão, levou-me para outra mesa mais no fundo do restaurante. Sentado na minha frente, ele quis saber:

– O que você tem?

– Nada não, Marcelinho.

– Você está com algum problema?

– Não, não é nada não.

– Você está triste por alguma coisa?

– Não.

– Se tiver com algum problema, pode falar comigo. Sou seu namorado e vou te ajudar no que precisar... Pode falar pra mim.

– Tá bom, quando tiver com algum problema, eu te falo. Mas agora eu não tenho nada, só não estou com fome.

Ele segurava minha mão e falava, olhando dentro dos meus olhos, com uma voz branda e amorosa, parecendo realmente preocupado. Estava estarrecida e sem graça, pois nunca ninguém tinha feito isso comigo, preocupando-se por eu não estar comendo ou por parecer triste. Senti-me acolhida e impressionada por saber que o teria sempre para me ajudar e se preocupar comigo. A cada dia, ele me surpreendia mais e me dava mais força para viver. O amor dele por mim era a minha força.

Eu usava uma pulseira de prata que só abria e fechava com alicate. Ele perguntou onde eu a havia conseguido e respondi que tinha achado. O Marcelinho, então, mandou o Delegado (um amigo nosso) ir pegar um alicate e ele foi – era assim: ele mandava e os outros obedeciam. Ele tirou a pulseira do meu braço, jogou longe e colocou a que estava no braço dele, que era de ouro. Amei!

Numa noite, estávamos conversando nós dois e amigos em uma sorveteria perto de casa, até que a Tita comentou que ele havia atirado no Pitoco. O Marcelinho se levantou com uma cara de ódio, andou um pouco de um lado para o outro e ficamos apreensivos. De repente, começou a quebrar com chutes todas as portas de vidro daquele prédio comercial. A dona da sorveteria ia chamar a polícia, então tínhamos de sair depressa. Todo mundo foi saindo rápido, mas ele só ficava de um lado para o outro, dizendo que fizera sem querer, que não queria machucar o amigo. Eu o puxei pela mão chamando-o, mas ele andava devagar e repetia a mesma coisa. O pessoal já havia se afastado quando consegui fazer que nos distanciássemos um pouco da sorveteria. Triste, ele me parou e falou:

– Carol, você sabe que foi sem querer... Eu não atirei nele por querer, ele é meu amigo.

– Eu sei, meu amor, você não faria isso com seu amigo.

Ele me abraçou e eu, passando a mão na cabeça dele, dizia:

– Fica calmo, não precisa ficar assim. Todos sabem que você não queria fazer aquilo. A Tita falou sem pensar. – Minha voz era a mais suave possível enquanto fazia carinho nele.

O Marcelinho parecia uma criança frágil e amedrontada, precisando de carinho e compreensão. Fomos andando e conversando e logo ele se acalmou e parou de falar sobre aquilo.

Cada dia eu o amava mais e queria ajudá-lo, como ele me ajudava. Queria e precisava retribuir a ele tudo o que fazia por mim. E eu sabia que podia.

Eu já não estava mais nem aí para o meu pai ou para a minha mãe, já não me interessava pelo que pensavam de mim, se acreditavam ou se me amavam, porque achava que tinha encontrado alguém que me amava de verdade, que me tratava bem, que me dava atenção, cuidava de mim, me protegia e me fazia esquecer todos os meus problemas. Meu pai às vezes falava que não entendia o porquê de eu estar daquele jeito, se ele sempre foi bom para mim. Eu, então, parava para pensar e tentar achar uma resposta, mas não a encontrava; só estava vivendo o que queria e como queria naquele momento. Valor e amor pela vida? Nunca soube ter. Sempre achei que acabaria me matando mesmo; então, se morresse em um tiroteio ou qualquer coisa assim, não faria diferença.

Chegou o Natal daquele ano, o primeiro com o Marcelinho e meus novos amigos. Meu pai queria me obrigar a ir com ele para Goiânia, mas usei do direito de querer ficar com a minha mãe, então ele a convenceu a ir também; assim, eu não teria como ficar. Minha mãe aceitou e ele me olhou como se dissesse: "Sou mais esperto. Você não pode competir comigo". Isso me deixou com ódio, e eu não poderia perder essa de jeito nenhum. Ele foi ao banco, quando aproveitei para convencer a minha mãe, usando de muita malícia e maldade, a ficar. Meu pai ficou com muita raiva. *Fazer o quê? O mundo é dos espertos*, foi o que eu pensei. Joguei minha mãe contra meu pai e ainda disse para ela:

– Eu sou boa pra quem é bom pra mim. Quem é ruim, passo por cima sem pensar duas vezes, porque eu sou má.

É, tinham conseguido! De tanto dizerem que eu era má, realmente estava me sentindo uma pessoa má e me comportando como tal. As palavras que escutei deles durante tantos anos se tornaram realidade. A minha maldade estava sem limites. Cheguei a tentar fazer meu pai namorar uma colega para que ficasse mais fácil de convencê-lo das coisas. Tornei-me fria, e, por mais que por dentro eu fosse carente e amorosa, não podia demonstrar fraqueza.

A primeira parte do plano dera certo: meu pai e meus irmãos viajaram para Goiânia e só ficamos minha mãe e eu. Ela ia passar o Natal na casa de uma amiga e a convenci de que poderia ir na frente, que eu iria mais tarde. No horário combinado, liguei dizendo que não sabia chegar até lá de ônibus e pedi para passar o Natal na casa da Mariana, mas ela não deixou e disse que pediria a uma amiga que me buscasse. Acendi as luzes, tranquei a casa e saí, assim eu poderia dizer que talvez estivesse tomando banho na hora e não a ouvi chamar. Consegui o que queria, fiquei sozinha em casa. Fui até a quadra 1 e me encontrei com Marcelinho. O Pitoco pôde passar o Natal em casa, mas teria de ficar com a perna engessada por seis meses. Eu dei uma passada na casa dele para desejar feliz Natal, fiquei um pouco na 1 e vi os meninos bebendo em frente à casa do Cascão, então resolvi beber também; afinal, era um dia de festa e eu não precisava prestar muita atenção nas coisas. Poderia relaxar e curtir. Bebi na boca das garrafas, misturei as bebidas, fiquei meio sonolenta e meio tonta. Esperamos os meninos para sairmos e, enquanto isso, o Marcelinho e eu nos sentamos em um banco. Nós nos abraçamos e me senti completamente segura, sem vontade de sair dali. O abraço dele era tudo de que eu precisava. Os meninos chegaram e fomos andar, e passamos o Natal na rua.

No dia seguinte, passei muito mal por causa da ressaca. Minha mãe chegou por volta das 19 horas e nem ela nem meu pai haviam visto o Marcelinho, só ouvido falar dele. Estávamos na porta de casa conversando quando o namorado da minha mãe chegou para buscá-la. Ela foi dormir na casa dele e pediu que eu chamasse alguma amiga para dormir comigo. Fomos chamar a Suzana e o Papel, e quando voltamos mandei o Marcelinho ir embora. Ele ficou chateado, foi resmungando, mas não reclamou comigo. Eu usei da minha liberdade e fiz tudo o que quis e tive vontade, mas, graças à bondade e misericórdia de Deus, Ele preservou minha honra.

Uma das poucas coisas que não fiz foi me relacionar sexualmente com o Marcelinho. Todas as minhas amigas dormiam com um e com outro e eu e ele nunca passamos dos limites nesse sentido. Ele tentava, mas eu não me deixava coagir; fazia o que queria e achava certo, e me sentia muito nova para perder minha virgindade. Sabia o que estava fazendo da vida e, apesar de não parecer, tinha consciência de cada ato meu.

Com meu pai em Goiânia, podia sair de roupa curta sem me preocupar e aproveitei bastante esse tempo sozinha, mas, mesmo assim, andava pela rua achando que a qualquer momento ele apareceria e me poria de castigo: um trauma terrível na minha vida, algo que eu temia muito mais que a morte. Poderia morrer, mas queria morrer na rua. Tinha tanto medo do castigo que andava como uma fugitiva, olhando para os lados, achando que a qualquer momento meu pai chegaria e tiraria minha alegria. Para todo carro que passava eu olhava assustada, como se alguém quisesse me matar.

Na quadra 1, fui a um churrasco de um menino conhecido como Griguilin, o anfitrião da festa em que teve o tiroteio. Eu havia discutido com o Marcelinho e pedido um tempo; na realidade, estava fazendo charme, pois o amava. Então, estava praticamente solteira. Chegando lá, não o cumprimentei. Ele ficou nervoso e quebrou algumas garrafas de cerveja. A Suzana entrou com o Griguilin no quarto e o Papel foi buscá-la e bateu nela, trazendo-a pelo pescoço; ela chorava enquanto ele praticamente a arrastava. Achei engraçado porque, de repente, todo mundo da festa começou a discutir por causa daquela cena. Um menino se aproximou de mim e no meu ouvido falou para que eu voltasse com o Marcelinho. Sem entender o que estava acontecendo, Marcelinho se aproximou de mim e me puxou pelo braço. O menino me puxava pelo outro, dizendo que estava tentando ajudá-lo, e eu ria da situação. Aquele churrasco estava hilário. Soltei-me dos dois e eles ficaram discutindo, estava uma confusão.

Saí com as meninas e o Marcelinho mandou me avisar que era para eu ir embora, senão ele buscaria a arma e faria uma loucura. Nem dei atenção e mandei responder que não iria, mas o vi indo em direção à sua casa e resolvi obedecer a ele, porque também estava na minha hora; aquele era o dia em que meu pai voltaria de Goiânia e já devia estar em casa. As meninas disseram que o Guilherme estava me esperando na rua de cima com o carro e ele me levou para casa. Passei na Mariana e peguei umas roupas compridas para que meu pai não brigasse comigo ao me ver, mas não teve jeito, ele já tinha inquirido minha mãe sobre tudo o que ocorrera em sua ausência e, quando soube que estive sozinha em casa no Natal, ficou irado e me colocou no temido castigo.

Na noite de ano-novo, não pude sair da frente da minha casa, mas os meninos foram me ver e eu dava umas escapadinhas para conversar com eles. À meia-noite em ponto, eu estava chorando, porque queria ir para a rua. Meu pai estendeu a mão e me desejou feliz ano-novo, mas não peguei na mão dele e virei o rosto em um absoluto silêncio de ódio. Ele não queria me colocar num castigo tão severo como das outras vezes e, por isso, abria algumas exceções. Meu pai não sabia como lidar comigo, tudo o que tentava não dava certo, só me causava mais revolta.

Um tempo depois, minha irmã e eu pedimos ao meu pai para irmos à quadra 8 e ele deixou por meia hora. Minha irmã, porém, quis ir até a quadra 1 ver o Wesley, seu namorado, e demoramos mais do que o previsto. Quando voltávamos, encontramos meu pai, que vinha da quadra 8, aonde havia ido nos buscar. Em casa, deu uma surra na minha irmã que marcou as costas dela, dizendo que tudo o que ele fazia comigo não adiantava e que ela havia levado uma surra por minha causa. Era para me sentir culpada e com remorso, mas eu sabia que quem pedira para ir à quadra 1 havia sido ela, então o plano dele não deu certo e ela apanhou à toa. Novamente, colocou-me de castigo, proibiu-me de falar com os meninos da 1 e, dessa vez, até com as meninas. Eu só podia conversar com a Tatiana. É claro que eu não lhe obedecia e saía escondido quando ele não estava em casa.

Conversando com Marcelinho, ele me chamou para fugirmos juntos. Eu disse que havia sido reprovada na escola e que, se quando meu pai descobrisse me colocasse de castigo de novo, eu fugiria.

No sábado seguinte, estava tudo bem até minha mãe beber e contar para o meu pai que eu havia sido reprovada na escola pela primeira vez; como sempre, ele me colocou de castigo. Pedi a ele que não o fizesse, pois não aguentaria mais uma vez, mas não teve jeito. Então, eu o esperei entrar no banheiro e fugi somente com a roupa do corpo. Fui até a casa da Suzana e me escondi na casa de um vizinho antes que a mãe dela me visse, pois sabia que ali seria o primeiro lugar em que meu pai me procuraria. Fiquei olhando pela janela e o vi chegar. A Suzana e sua mãe haviam dito a ele que não tinham me visto. Eu a esperei se arrumar e saímos com Wesley e Marcelinho. Passamos na casa do Marcelinho para pegar umas coisas e ele pediu para que eu entrasse e conhecesse sua avó. E eu, mesmo com vergonha, entrei.

–Vó, eu trouxe minha namorada para a senhora conhecer.

– Isso não é hora pra conhecer ninguém! Eu vou dormir – disse e entrou para o quarto, supergrossa e sem educação.

Ficamos um pouco sem graça, mas depois nem ligamos. Ele era importante para mim e vice-versa. No entanto, tive pena dele...

Na saída, Marcelinho deu um 38 para a Suzana segurar e falou que, quando pedisse, era para ela devolver rapidamente. Estávamos em frente a um barzinho, quando de lá saiu um menino com quem eu já havia ficado e que era de uma favela em guerra com os meninos da 1. O Marcelinho, então, falou para a Suzana:

– Suzana, me dá o ferro (arma) agora.

Segurei a mão dela quando ela ia tirando a arma e pedi:

– Não dá a arma pra ele não, Suzana. –Virei-me para o Marcelinho e disse: –Você não vai fazer nada com ele, não.

Ele perguntou se eu estava com dó do meu ex-namoradinho e, enquanto discutíamos, o menino foi embora. Ele ia matá-lo ali na nossa frente.

Ficamos andando até bem tarde. O Marcelinho me chamou para dormir na casa dele, mas não fui, dormi na casa da

Suzana. Tive de entrar escondido porque, se a mãe dela me visse, avisaria meu pai. Dormi embaixo da cama dela, só com a cabeça para fora. A cama era baixa e apertada, e a mãe dela sempre ia ao quarto durante a noite para pegar alguma coisa. Naquele dia, ela foi pegar uma garrafa de álcool, e sorte que não acendeu a luz, senão teria me visto. Às 16 horas do dia anterior eu havia comido pela última vez e às 7h16 da manhã seguinte a Suzana me acordou para eu ir embora, pois a mãe dela logo acordaria e não podia me encontrar.

Eu saí sem rumo, sem ter para onde ir, e me sentei embaixo de um prédio para esperar as horas passarem um pouco; depois, resolvi ir à casa de uma amiga. No caminho, entrei em uma igreja evangélica. Estava com uma miniblusa e uma calça bem apertada, mas, mesmo assim, uma moça sentada ao meu lado me tratou muito bem e ainda me ofereceu a Bíblia dela para que eu acompanhasse o culto. Achei estranha aquela cordialidade toda. Por que ela havia me tratado tão bem sem me conhecer e sem reparar nas minhas roupas?

Fiquei na igreja uns 40 minutos, mas não prestei atenção no culto. Depois que saí de lá, não consegui me lembrar de nenhuma palavra dita; estava com a cabeça cheia, pensando em mil coisas. Cheguei à casa da Maraísa, porém ela não estava, então fui à casa de outra amiga e fiquei ali por um tempo. Às 13 horas, resolvi voltar para a casa da Suzana e já na porta encontramos com o Papel, que nos levou para andar de carro. Eu sempre ia no banco da frente e ele falava para todo mundo que éramos namorados. Nós três fomos ao Sobradinho II, uma cidade-satélite nova e pobre, na qual a maioria das casas eram barracos e o chão nem era asfaltado. Fiquei impressionada com o tanto de gente que devia dinheiro para ele por todas as ruas que passávamos. Era dinheiro de droga e de arma, entre outras coisas.

Paramos em uma rua e ele foi com uns meninos levar ou pegar droga, não vi direito. Ficamos andando até umas 18 horas, depois fui à casa da Tatiana para tomar um banho. Minha amiga pegou, escondido com a minha irmã, roupa para mim e fomos à 8. Na ida, passamos na casa da Suzana para pegar uma jaqueta do Marcelinho, quando encontrei um dos filhos do padre. Ele pediu para ficar comigo, mas eu disse que tinha namorado, porém ele não acreditou, até eu falar quem era. O garoto ficou com medo e pediu desculpas:

– Foi mal – ele disse.

Às 22 horas, o Marcelinho chegou com os meninos da 1. Tinha muita gente estranha na 8, então pedi a ele que me desse sua arma, um 38 *cromado* de cano longo, que eu guardei no bolso da jaqueta. Não dava para colocar na cintura porque caía de tão pesada que era. Mais ou menos uns 15 meninos ficavam com a gente, todos espalhados, e quando passávamos todo mundo puxava nosso saco. Meus antigos amigos ficavam com medo de me cumprimentar por causa do Marcelinho, que me falou:

– Você fica de olho aonde eu for, com quem eu conversar, quem chegar perto de mim. Vigia tudo. E, se você vir alguma coisa ou um rosto estranho, passa a arma para o Cascão rápido.

Eu tinha de avisar os meninos sobre qualquer pessoa desconhecida que aparecia. Eu era a inteligência ali, a cabeça, a sã, os olhos deles; a penúltima palavra era do Marcelinho e a última era minha.

A 8 estava lotada de polícia e o Marcelinho me chamou para dar uma volta, mas eu não queria ir, pois sentia que algo ia acontecer. Contudo, fui. Quando estávamos atravessando a rua, os policiais começaram a vir em nossa direção e, de repente, nos cercaram e nos pararam. Como eles não podiam me revistar por serem homens, me mandaram tirar a jaqueta e acharam o revólver no bolso. Felizes por achar a arma, sorriram e algemaram o Marcelinho, pegando-me pelo pescoço com força e me machucando. Eu disse que poderiam me soltar, que não iria fugir, então aliviaram as mãos e nos levaram para perto do camburão. No entanto, nós tínhamos combinado que se algo desse errado era para falar que a arma era do Wesley, que era menor de idade – tinha apenas 14 anos – e não seria preso. O Wesley, então, foi algemado. Acontece que o Cascão, que também era menor – tinha 15 anos –, pediu para levar a culpa e também foi levado para a delegacia dentro de um camburão com cinco policiais. Chegando lá, um policial me perguntou se eu era namorada de alguém, e eu disse que não; se falasse a verdade, eles me perguntariam o endereço e o telefone dele.

– Nós não encontramos nada com você! – o policial falou por fim e piscou para mim.

Eu fui liberada e voltei para a 8, porque ia dormir na casa da Tatiana e ela ficara lá. Todo mundo puxou o meu saco, até gente com quem eu não conversava fazia o maior tempão. Estavam impressionados por eu ter saído tão rápido e perguntaram-me o que havia acontecido e onde os meninos estavam. Um garoto chegou a me dizer que eu deveria ter falado para a polícia que estava grávida do Marcelinho! Não vi lógica nisso nem dei moral.

Procurava a Tatiana quando um policial se aproximou de mim e falou que eu tinha de acompanhá-lo ao camburão. Quando lá cheguei, vi meu pai, que discutiu comigo; depois, um sargento apareceu e começou a me dar conselhos. Voltei de camburão para a delegacia, dessa vez com meu pai dentro, onde meu irmão me esperava. Ao me ver, lançou-me um sorriso cínico, feliz porque achava que meu pai ia acabar comigo.

Passamos pelos meninos quando estávamos indo embora e os vimos algemados dentro de uma caminhonete, apanhando da polícia. Meu pai gritou para eu não olhar, mas não estava nem aí e continuei olhando. Entramos no carro e fomos embora, e meu pai passou na Suzana para avisar à mãe dela que havia me encontrado. Chegando em casa, ele me deu um ultimato: ou eu mudava ou podia arrumar minhas coisas e ir embora. Eu sabia que não mudaria, nem queria isso, porém não tinha para onde ir, então falei que tudo ia ser diferente. Ele brigou comigo e mais uma vez me proibiu de falar com qualquer menino da 1, mas não me pôs de castigo.

No outro dia, ouvi de todos que o Marcelinho havia sido mandado para o Papuda, que é um complexo penitenciário onde ninguém fica menos de um ano. Naquele momento, senti como se a vida tivesse acabado para mim, nada mais me importava, estava arrasada. À noite o Cascão foi à minha rua, mas não tinha notícias do Marcelinho.

Meu pai foi à casa da Tatiana pedir aos pais dela que não a deixassem mais andar comigo, pois eu não era uma boa companhia para a filha deles. Contou que eu tinha sido presa e que estava andando armada. Eles, então, a proibiram de se aproximar de mim, mas ela o fazia escondido. A Tatiana era muito amiga e sempre me ajudava no que eu precisava, estava a postos e nunca recusava um pedido meu, me defendia de tudo e de todos. Estava sempre por perto quando eu precisava e não media esforços para me ajudar no que fosse preciso. Eu sabia que podia contar sempre com ela e vice-versa. Era uma amizade verdadeira, que, para muitos, seria passageira, mas dura até hoje. O tempo passou, nós crescemos e a amizade é a cada ano mais fortalecida.

No outro dia, o nosso amigo conhecido como Delegado foi lá em casa me avisar que o Marcelinho estava me chamando. Não consegui me controlar e comecei a chorar de alegria. Minha mãe ficou desconfiada, mas inventei uma desculpa e ela me deixou sair rapidinho. Meu irmão foi atrás e me viu com o Marcelinho, mas nem me importei. Eu o abracei e queria ficar com ele para sempre. Não consegui disfarçar que havia chorado, pois meus olhos estavam vermelhos. Ele estava abatido e com o cabelo cortado. Não tive coragem de perguntar, mas diziam que o haviam cortado com facão na prisão. Naquele momento, acreditei que ele fosse o grande amor da minha vida e eu dizia que nem a morte poderia nos separar, pois se um morresse o outro morreria junto.

No fundo, eu tinha consciência de que estava revoltada, mas já era tarde e não estava nem um pouco disposta a voltar atrás. Eu não era como um viciado, que quer largar e não consegue. Eu gostava de ser assim. Achava que o Marcelinho e eu não viveríamos muito tempo, que teríamos um final triste, que eu talvez nem chegasse à vida adulta e a ter filhos, mas me sentia feliz e não tinha medo. Acreditava que nascera para ser assim, que meu destino já estava traçado e eu não fazia questão alguma de mudá-lo.

> *'Porquanto somente Eu conheço os planos que determinei a vosso respeito!', declara Yahweh, 'planos de fazê-los prosperar e não de lhes causar dor e prejuízo, planos para dar-vos esperança e um futuro melhor.'* (Jr 29:11)

No outro dia, fui à 1. O Marcelinho me deu um relógio e combinamos que, no domingo seguinte, iríamos à 8 por uma questão de honra. Precisávamos esfregar na cara de todos que queriam o nosso mal e que ficaram felizes quando nos viram presos que não havia sido daquela vez que tinham nos vencido. No entanto, meu pai não me deixaria ir de jeito nenhum, então ficou combinado de o Marcelinho me arrumar um remédio que fizesse dormir para que eu desse aos meus pais. O plano era dopá-los para eu sair.

Quando o Marcelinho e eu nos juntamos, nossas forças e nossa fama se uniram. Ficamos conhecidos por toda a cidade. Todo mundo já tinha pelo menos ouvido falar da gente e sentia medo. Éramos respeitados na nossa quebrada mesmo por quem não gostava de nós. Minha irmã mexia com todo mundo na escola, esbarrava nas pessoas e ninguém falava nada; xingava, mas ninguém ousava enfrentá-la, porque sabia que ela era minha irmã. Até meu irmão estava começando a gostar disso, e também queria um pouco de moral. Ele parou de contar para o meu pai quando me via com o Marcelinho, o que para mim foi ótimo. Já eu nem precisava brigar com ninguém, porque provocava medo em quem quer que fosse. Temiam o meu nome, a minha presença e a dos meus amigos, minha nova família.

No domingo, coloquei o remédio dentro do suco e o plano era que meus pais o bebessem, mas meu pai saiu logo após o almoço e não voltou a tempo. Ofereci diversas vezes para minha mãe, porém ela não aceitou, então tinha de pensar num plano B urgentemente. Às 20 horas, ela foi à missa com uma amiga sem beber do suco e, assim que voltou, o Marcelinho chegou para me buscar. Eu não iria deixar de ir, nem que tivesse de cometer uma loucura, então inventei uma desculpa qualquer e fomos, mesmo sabendo que meu pai ficaria irado se chegasse e não me encontrasse. Havia um monte de gente conosco, de 15 a 20 meninos. O Cascão, que estava doidão, bateu na menina que me dedurou para a polícia, jogou o picolé dela no chão e xingou outra garota que já tinha ficado com o Marcelinho. Depois, quebrou uma garrafa no chão e uns caquinhos acertaram meu pé. Foi um cortezinho, saiu um pouquinho de sangue, e o Marcelinho chamou a atenção dele. O Cascão pediu várias desculpas. Eles o respeitavam.

Um menino que tinha confusão com o Cascão foi buscar *os ferro* (as armas), então tivemos de ir embora, pois não estávamos armados. Assim que saímos a polícia nos parou, revistou os meninos e depois nos dispensou. No outro dia, o Marcelinho e o Papel falaram que armaram casinha (armadilha) na volta deles para casa e deram três tiros na direção deles. Ainda bem não acertaram ninguém. Desde antes disso, eu já sentia que o Diogo estava se juntando com alguns meninos para pegar o Marcelinho...

No sábado seguinte, o Marcelinho foi à minha rua, mas, como meu pai já estava para chegar, fiquei andando de bicicleta para esperá-lo entrar. O Papel apareceu na outra esquina e me chamou, e fui conversar com ele, bem na hora em que meu pai chegou. Ele nos viu e passou uma hora dizendo para o Papel não chegar mais perto de mim. Eu corri até a outra esquina para avisar ao Marcelinho que iria até lá para ficar com ele assim que meu pai entrasse, mas, depois de conversar com o Papel, ele me colocou para dentro de casa. O jeito foi pedir para a minha irmã ir avisar ao Marcelinho que eu não poderia sair mais.

Era mais ou menos 1 hora da manhã – meu pai já tinha ido dormir e minha mãe e eu estávamos assistindo à TV –, quando de repente ouvimos um barulho muito alto. Pensamos que estavam atirando contra a casa e meu pai acordou na hora. Saímos para a rua e uma vizinha disse que viu o Marcelinho e o Wesley jogando algo no carro do meu pai. O Marcelinho havia jogado uma pedra no carro com tanta força que ela amassou o carro e subiu para o telhado, quebrando algumas telhas. Meu pai chamou a polícia, muito assustado e com medo. Minha mãe disse que eu estava transformando a vida dela num inferno, e meu pai, que eles acabariam morrendo por minha causa. O fato de eles terem sentido medo me fez pensar e decidi dar um tempo (não por mim, mas por eles).

Nos primeiros dias, consegui aguentar, mas fui ficando triste por não ver o Marcelinho. Sonhava com ele todas as noites, acordava pensando nele; estava sem graça, sem vontade de viver. Meus pais estavam felizes, pois, para eles, tudo voltava ao normal, mas eu não aguentava mais de saudade e me perguntava: *Será que é certo eu estar infeliz e eles, felizes? A vida de pais de adolescente não é cheia de preocupações e complicações? Por que comigo teria de ser diferente? Por que eu teria de ser certinha e não dar preocupações a eles? Por que precisaria ser perfeita? Por que abdicar das minhas vontades por eles? Da minha vida? O que fazem por mim? O que fizeram quando precisei? Onde estavam? Pensaram em mim quando eu estava trancada no quarto procurando uma maneira de tirar minha vida?*

Resolvi dar um basta naquilo. Não queria nunca mais voltar para aquela vida, para aquele mundinho, para aquele tempo em que eles eram tudo o que eu queria...

Algumas pessoas falavam que a vida que eu vivia era perigosa, mas o que elas não entendiam era que eu gostava dela por ser errada. Jamais gostei de ser igual, normal. Gostava de ser diferente. Ser patricinha, usar salto alto, sandalinhas? Nem pensar, era comum demais! Sentia prazer em ser do contra, surpreender, me destacar. Queria fazer moda, e não a seguir; inventava meu estilo: roupinhas curtinhas, às vezes bermudões, sempre de chinelas havaianas, corrente, pulseira e anéis de prata grossos; brinco virado ao contrário numa orelha e, na outra, uma argola, além de um de pedrinha no mesmo furo. Andava, falava e agia diferente. Era inconfundível, era a Carol Crime! E eu gostava quando via gente tentando imitar a mim e ao meu estilo.

Certa noite, minha mãe e uma amiga me levaram a um Pastor para que orasse por mim. Estavam esperando que o demônio se manifestasse e eu saísse transformada dali, porém ficaram decepcionadas. Com isso, achava que Deus tinha desistido e cansado de mim, assim como eu desistira e me cansara de ser boazinha. *Ele me largou à própria sorte, me deixou de lado, com meus erros, maldades e mentiras*, eu pensava. Como estava enganada!

Dias depois, numa das noites de Carnaval, já era alta madrugada quando pegamos o ônibus a fim de voltar para casa. O cobrador, que me conhecia não sei de onde, nos deixou pular a roleta e não pagar passagem. O itinerário do ônibus passava pelo Sobradinho II e num determinado momento ouvi a voz de um homem desconhecido me chamando aos gritos; não fazia ideia de quem era, mas esses pequenos detalhes me fortaleciam, me engrandeciam, faziam que eu me sentisse bem, com autoestima elevada, uma estrela de cinema!

Certa vez, Marcelinho me disse que me daria uma arma de presente para eu me proteger quando ele não estivesse por perto. Fiquei empolgadíssima e falei que havia amado a ideia. Não via a hora de pôr as mãos no meu presente!

Numa tarde, fiquei sabendo que o Diogo tinha atirado no Luquete, porém sem acertá-lo, e fui tirar satisfação com ele porque meus amigos eram tudo para mim. Na discussão, ele ameaçou atirar em mim também, o que acabou acontecendo. Graças a Deus, não me acertou. Mais uma vez, o Senhor guardou minha vida. Diogo apontou na minha direção, atirou e não me acertou. Graças a Deus!

Tempos depois, chegou à cidade uma boate móvel com toda a estrutura das boates normais, e pedi autorização ao meu pai para ir com as meninas. Antes de sair, atrasei o relógio da sala em mais ou menos 2 horas, porque sabia que quando eu chegasse ele conferiria o horário. Logicamente, acharia que era mais cedo! Eu não tinha dinheiro, mas falei para a Tatiana que ela podia apostar que eu ia entrar e ainda beber o que eu quisesse de graça, o que de fato aconteceu. Na volta para casa, um dos meninos que estavam conosco ia quebrando os vidros de todos os carros estacionados. Na minha rua, o Marcelinho não permitiu que ele quebrasse os vidros do carro do meu pai, ao que o garoto obedeceu; afinal, o Marcelinho era nosso líder.

Numa ocasião, conversávamos na rua de casa quando o Marcelinho quis se aproximar de mim. Meu irmão, porém, estava me vigiando e o impediu. Nervoso com essa situação, acabou atirando seis vezes para cima, o que fez meus pais se apavorarem, achando que alguém havia me matado. Os dois, então, me colocaram para dentro de casa. O Marcelinho voltou desarmado na noite seguinte e me contou sobre a intimação que recebera da PM, avisando que também não o queriam mais na minha quadra. De repente, avistamos o camburão da polícia virando a esquina numa velocidade tão grande que quase capotou. Revistaram todo mundo, perguntaram nomes e endereços e inventamos outro nome para o Marcelinho. A princípio, eles acreditaram, mas logo descobriram e o levaram para a delegacia mesmo sem que tivessem encontrado a arma.

Nossa fama tinha se espalhado por todo lugar e os vizinhos, se pudessem, me expulsariam, argumentando que alguém da rua acabaria morrendo por minha causa. Olhavam-se atravessados, mas isso me satisfazia. Ninguém me queria por perto, nem que eu me aproximasse de seus filhos.

O Marcelinho só era mau para quem agia igual com ele. Meu pai tinha medo, mas o Marcelinho dizia que só precisava sentir medo dele quem estivesse devendo para ele. E realmente sentia um ódio enorme quando não podíamos sair juntos por causa do meu pai. Certa vez, falou em tom de brincadeira que iria matá-lo, testando-me para ver minha reação, que foi totalmente contrária. E nunca mais tocamos no assunto. Ele tinha várias passagens pela polícia: artigos 121 (homicídio), 157 (roubo), 14 (porte de armas), 33 (tráfico de drogas) e várias tentativas de homicídio. O Cascão e o Wesley, menores de idade, o consideravam seu herói e se inspiravam nele, no seu jeito de agir e pensar. O Marcelinho os amava, como a irmãos mais novos que nunca teve. Eu os considerava minha família, que gostava e cuidava de mim. Certa vez, ele disse com muito orgulho, como quem fala de um filho:

– Isso é porque o Cascão ainda não matou ninguém; quando o fizer, tomará gosto pela coisa e não vai parar mais, você vai ver!

Ele se orgulhava de seus seguidores e eu os amava; preocupava-me com eles, queria cuidar deles, colocá-los debaixo das minhas asas, dos meus olhos. Tinha medo de perdê-los, de perder o que me proporcionavam, de que tudo o que eu vivia com eles virasse cinza ou não passasse de um sonho.

Fazia tudo em nome do amor e da felicidade que finalmente alcançara e não havia quem pudesse me impedir ou me convencer do contrário. Estava com o coração cheio de ódio e rancor, com sede de vingança, queria ver todos os meus inimigos debaixo dos meus pés pedindo clemência. Às vezes, escrevia que o diabo havia nos unido; outras, que fora Deus. Na verdade, eu não sabia quem, mas dizia que não iria me separar dele nem que um dos dois quisesse. Coitada de mim. Graças a Deus, o Senhor teve misericórdia.

Uma vez, o Marcelinho me disse que ele e os meninos estavam pensando em assaltar um posto de gasolina; com o dinheiro, queria fazer uma viagem comigo. Sobre o assalto, fiquei muito interessada, mas viajar seria meio difícil. Eu teria de pensar no plano e daria umas voltas por lá para ver como era e comandar a execução. Seria maravilhoso colocar em prática toda a inteligência e esperteza que sabia que tinha. Desde pequena, gostava de passar a perna nos outros e era muito hábil para isso. Era rápida de raciocínio, pensava nos mínimos detalhes e gostava de ganhar dinheiro fácil.

Decidi abandonar de vez a escola. Se morreria cedo, de que me adiantaria estudar? *E desde quando um criminoso passa de ano com boas notas?*, pensava. Na escola não se ensina a matar, roubar e enganar, tudo que eu vislumbrava. Adorava aquela realidade, amava fazer parte daquele mundo, exatamente na linha tênue entre a vida e a morte. Eu sentia orgulho disso.

Eu era a Carol Crime e ele, o Marcelinho Cruel, apelidos pelos quais éramos conhecidos. Uma vez liguei na casa do Pitoco e as meninas que estavam com ele perguntaram com quem ele estava falando.

– Com a Crime – respondeu ele.

E elas já sabiam que era eu! Achava o máximo.

Como o Marcelinho não podia ir mais à minha quadra, marcamos um encontro em outro lugar durante a tarde. Conversamos muito, eu queria abraçá-lo e não o soltar nunca mais. Rimos ao constatar quantas pessoas queriam nos separar, e ele me contou que a polícia havia lhe dito que se o visse na minha quadra de novo forjaria provas para prendê-lo. Combinamos de não deixar que nada nem ninguém nos separasse. Estávamos um pouco tristes, cansados, desanimados, inseguros e apreensivos, parecia que no fundo sentíamos que aquela era a última vez que nos veríamos, mas estávamos mais apaixonados do que nunca. Quando nos despedimos, meu coração parecia estar se quebrando. Senti muita vontade de chorar, mas me segurei.

Minha mãe me viu na companhia do Wesley e contou para o meu pai, que concluiu, obviamente, que eu não tinha me afastado dos meninos da quadra 1. Ele ficou muito nervoso e me perguntou por que estava fazendo isso com ele. Eu não sabia a resposta, só queria ser feliz do jeito que estava dando. Minha mãe disse que a vida dela tinha virado um inferno por minha culpa. A preocupação deles me incomodava, pois só queria que vivessem suas vidas e me deixassem viver a minha em paz. O que interessava era ser feliz e me sentir amada.

A polícia já havia me marcado e estava de olho em mim. Sempre que me viam, me abordavam ou me monitoravam de longe. Também observavam se me aproximava do Marcelinho, para que pudessem prendê-lo.

Meu pai veio com a ideia de que eu deveria sair dali, morar por uns tempos em Belo Horizonte. Não gostei nem um pouco daquela conversa, não podia deixar minha vida para trás, jogar fora tudo o que havia conquistado. Se de um lado não queria ver meus pais sofrendo, de outro, aquela vida era tudo o que eu queria.

Numa noite, houve uma confusão na boate móvel. O Wesley apanhou muito e jurou vingança. Como era de palavra, no dia seguinte cumpriu o prometido e matou o rapaz a sangue frio na frente de todo mundo na quadra 8. Como eu não estava presente na ocasião, não sabia de muito, e passei por ali sem saber que naquele local estava acontecendo o velório do garoto. A família e os amigos dele entenderam que eu estava debochando da situação, o que gerou revolta por parte deles. Juraram entre si que haveria vingança e que começaria por mim. Quando meu pai soube dos comentários, ficou desesperado e decidiu me tirar dali imediatamente, mandando-me para Belo Horizonte. No mesmo dia, ele voltou do trabalho com a passagem em mãos para partir no dia seguinte. Durante esse período de espera, não me deixou sair para a rua nem atender ao telefone. Não pude me despedir de ninguém, apenas da Tatiana e da Tita, que foram à minha casa sem saber que logo eu iria embora. Escrevi uma carta para o Marcelinho, na qual também pedi a ele que não morresse antes de eu voltar. Não sei exatamente o que se passou na minha cabeça naquelas 24 horas, não queria ir embora de forma alguma, mas algo dentro de mim me impulsionou a aceitar. Não sei como pude concordar com aquela decisão; se não tivesse ido, certamente teria fugido ou feito alguma outra loucura, mas hoje entendo que realmente Deus tocou no meu coração e me convenceu, porque Ele tinha uma obra para fazer na minha vida.

Com minha mãe e minha irmã, fui morar com minha avó apenas por alguns meses. Na rodoviária, minha irmã disse:

– Não se preocupe, pai, porque em Belo Horizonte não tem mala (bandido)!

– Mas, quando a Carol chegar, vai ter.

Eu me entristeci ao ouvi-lo dizer isso.

Antes de sair de casa, ele já havia me chamado de idiota, então, quando tentou me abraçar para se despedir, eu me virei e entrei no ônibus. Estava com muito ódio. Passei a viagem toda chorando muito e não consegui dormir.

CAPÍTULO V

AS PERDAS E A SAUDADE

Mudança

Uma mudança que mudou simplesmente meu mundo
Mudou meu estado físico, meu espírito
Queria saber o que fazer
Cansei de somente obedecer
Gostaria de ter a liberdade para voar
Mas não tenho ninguém para me acompanhar

Queria saber o que está acontecendo comigo
Mas não consigo
Não sei exatamente o que pretendo para o futuro
Mas por enquanto vivo num quarto escuro
Um amigo me ajudaria, mas não sei se eu confiaria
Tenho um presente, tenho um futuro
Mas vivo num passado obscuro

BELO HORIZONTE

Cheguei a Belo Horizonte numa manhã fria e chuvosa. Até o clima me deixava deprimida! No primeiro dia, a ficha ainda não havia caído, parecia apenas um sonho que logo terminaria. Eu acreditava que, ao acordar, estaria em casa. Ao anoitecer, porém, só pensava em Brasília e nos meus amigos. Queria minha vida de volta. Ficava horas trancada no quarto, não queria que me vissem chorando e tivessem pena, ou mesmo tentassem me aconselhar ou consolar.

Na segunda semana, comecei a frequentar a escola, mas me isolava. Não fazia questão alguma de me enturmar ou conhecer alguém; na verdade, só queria fugir daquele lugar. Odiava tudo ali e na cidade, as ruas, as pessoas com seu jeito meigo... absolutamente tudo me dava ódio e eu estava ainda mais revoltada.

Precisava pensar numa forma de fugir e ir embora de Belo Horizonte. Morava com meus avós e eles não facilitaram para mim. Minha avó não me deixava atender ao telefone nem receber cartas, o que aumentava ainda mais minha raiva. Durante quatro meses, o Marcelinho me ligou todos os dias e ela atendia dizendo que naquele telefone não havia nenhuma pessoa com meu nome. Quando saía de casa, desconectava o telefone e escondia o aparelho. Eu sempre comentava com minha mãe que ia conseguir dinheiro e fugir para ficar com o Marcelinho, ao que ela respondia que preferia me ver morta a me ver com ele.

Em alguns momentos, parecia uma viciada em crise de abstinência porque sentia um ódio monstruoso. Queria xingar todo mundo, quebrar a casa, causar destruição para que me livrassem daquela prisão. Tinha vontade de matar, de morrer, infernizar a vida de todos. Chorava, gritava, me debatia.

A família toda se solidarizou com minha mãe e fazia de tudo para ajudá-la, mas não me conheciam, sabiam apenas que eu era uma filha muito rebelde que estava dando muito trabalho. Mesmo quando tentavam ser cordiais comigo, eu me irava, não queria vê-los, ouvi-los, só queria ir para casa. Naqueles momentos de revolta, considerava meus pais responsáveis por todo o meu sofrimento.

Depois de algumas semanas, minha mãe conseguiu uma vaga num colégio mais perto e procurei me aproximar de pessoas que se pareciam com meus amigos de Brasília. Logo fiz amizades e conheci meninos barras-pesadas, que quase todos os dias levavam bebidas alcoólicas dentro da mochila para a sala de aula. Conversávamos muito sobre a vida no crime, drogas, bebidas... Fui a algumas festas na casa deles, regadas a drogas e álcool. No grupo havia três meninas e uma delas me admirava pelas minhas histórias e queria ser como eu.

Quando ia ao clube com meus primos, enquanto as meninas ficavam tomando sol, eu dava mortal na piscina, e isso atraía os meninos que eram como eu. Numa dessas vezes no clube, alguns se aproximaram de mim e começamos a conversar sobre drogas. Eles queriam que eu começasse a traficar merla (uma nova droga inventada havia pouco tempo em Brasília). Eu teria de trazê-la de Brasília para Belo Horizonte e gostei da ideia; ser traficante era tentador. Fiquei de entrar em contato com o Papel, mas não consegui falar com ele e nunca mais vi aqueles meninos, então ficou por isso mesmo.

Minha tia conseguiu uma psicóloga para mim no SUS. Eu até que gostava da ideia, ela me elogiava, sugeriu que eu lesse *O mundo de Sofia* e assistisse ao filme *Gênio Indomável*, dizia-me o quanto eu era inteligente e se surpreendia muitas vezes. Era bom ter alguém que se interessava por mim como eu era, mas muitas vezes ela pedia para eu simplesmente falar. Nessas horas, vinham-me tantas lembranças, tantas dores, tantos medos, meus olhos se enchiam de lágrima e eu não queria chorar na frente dela. Não queria a pena de ninguém, então comecei a analisá-la: reparei que roía as unhas, que não era casada e não tinha filhos, apesar de seus 40 anos... Então, logo ficou desinteressante e parei de ir.

Uma dessas meninas da escola me ensinou a tragar cigarro e comecei a fumar escondido. Algumas vezes, matávamos aula e ficávamos bebendo em um bar em frente à escola. Eu estava com 15 anos. Sob o efeito do álcool, eu sorria, mas em seguida a tristeza voltava e eu tentava não pensar para não chorar.

Já cheguei àquele colégio com tudo de ruim que havia em mim, fiz amizades com pessoas erradas, mas acho que eu era ainda pior que elas; nas primeiras semanas, pichei as paredes e mesas de toda a sala com frases e letras de rap.

O diretor, claro, não gostou, tentou descobrir quem fazia aquilo, mas os colegas tinham medo de me entregar. Certa vez, ele me chamou na sala dele e foi tão inquisidor como meu pai. Sabia que era a responsável por aquilo, mas não tinha como provar e me punir. Numa aula, ele chegou de surpresa e pediu para revistar os materiais dos alunos, procurando o pincel, que escondi dentro da roupa.

Eu não tinha desistido de ir para Brasília, mas, enquanto estivesse ali, faria tudo de errado, procurando o mal onde quer que estivesse. Na realidade, queria mesmo era colocar para fora todo o ódio que sentia. Precisava continuar no processo de autodestruição.

Na rua onde a minha avó morava, tinha uma farmácia, e lá trabalhavam vários rapazes da minha idade, com os quais acabei fazendo amizade. Assim, conheci pessoas normais, do bem, que me levavam a lugares sadios, sem bebidas ou drogas. Depois, mudei novamente de escola, onde estudavam pessoas menos barras-pesadas.

Com minha aparente mudança, já me deixavam atender ao telefone em casa e, poucos meses depois, uma amiga me ligou dando a notícia de que o Marcelinho havia sido assassinado. Entrei em total desespero, saí para a rua chorando, sem rumo, gritando, gemendo, passando entre os carros, querendo que algum deles me atropelasse e me matasse para eu me juntar ao meu amor.

Como num *flashback* as coisas passavam pela minha mente e me senti culpada, pensava que se estivesse lá o teria protegido. Achava que não conseguiria viver sem ele e que nunca mais seria feliz. Sem ele, a vida perdera novamente o valor e eu faria de tudo para morrer logo.

Poucas semanas antes de sua morte, uma amiga me escreveu dizendo que ele viria me buscar no final do ano, que me amava e não sabia viver sem mim.

Depois de algumas horas, enxuguei as lágrimas, respirei fundo e entrei em casa calada, tentando passar por cima daqueles olhares que dispensavam palavras e me davam muita raiva por saber que, no fundo, estavam felizes e aliviados com o ocorrido. Fui para o quarto e chorei até dormir. Tinha novamente uma enorme ferida aberta dentro de mim, tão funda e escura que eu achava que nunca mais poderia ser cicatrizada, uma ferida na alma.

Com o passar do tempo, toda aquela revolta transformou-se novamente em depressão. Não tinha a mínima motivação para viver, nenhuma expectativa de mudança ou esperança de algum dia ser feliz. Onde quer que estivesse, se algo me lembrasse do Marcelinho, eu chorava. Não importava com quem, ou em que situação, só sentia vontade de me afogar nas minhas lágrimas e chorar até morrer. Nada me divertia nem me alegrava de verdade. Sempre soube que mais cedo ou mais tarde ele seria assassinado, mas achava que morreríamos juntos. Foi muito triste estar longe e não poder nem me despedir. Estava no presente, mas vivia do passado e não conseguia ver um futuro para mim; só queria voltar no tempo, sentir novamente seu abraço, rever meus irmãos das quebradas, meus velhos amigos, meus companheiros de vida. Não me conformava com o rumo que a nossa vida havia tomado, e tive certeza de que havia nascido mesmo para sofrer. E me conformei. O que me restava era entrar para o quarto e chorar até não ter mais forças.

Era triste me lembrar de como eu era feliz ao lado do Marcelinho e dos meus amigos, mas que tinha perdido tudo. Olhar para trás e ver que a minha "casa tinha caído", que meus sonhos e objetivos haviam desmoronado, que aqueles momentos felizes nunca mais voltariam e o meu amor por ele teria de ficar eternamente guardado dentro de mim... Nada mais me importava, queria ir para junto dele, estar ao seu lado, nem que fosse no inferno. A vontade que eu tinha era beber até não aguentar mais, fechar os olhos para a vida e, literalmente, me acabar.

Minhas amigas me ligavam e quase sempre tinham uma nova morte para contar: o Pezão, numa briga de gangue; o meu amigo Gustavo, que foi assaltar um posto de gasolina, cujo dono era policial e deu um tiro na nuca dele; o meu grande amigo Guilherme foi morto pelo Papel (que era seu amigo) por causa de uma discussão boba; o Marcione sofreu um acidente de carro. Cada perda de um amigo era muito dolorosa, porque eram muito queridos, amigos de verdade, do fundo do coração. Eles foram muito importantes para mim. Cada um, com o seu jeito, fez parte da minha vida, e eu queria ter me despedido deles, tê-los visto pelo menos mais uma vez. Talvez ninguém se importasse com a morte deles, ninguém sentisse a falta deles, mas eu me importava, porque os amava.

A depressão estava se intensificando. Eu chorava e falava sozinha frequentemente e nesses momentos de tristeza e solidão, quando estava em meio à dor e às lágrimas, comecei a ouvir a voz de Deus me chamando. E perguntava chorando:

– Deus, o Senhor ainda me quer? Por que eu? Tenho que parar com o objetivo de me destruir?

Não queria abrir mão das minhas vontades, das loucuras de viver sem regras, da libertinagem. Achava que aquela lavagem que eu comia era tudo o que poderia ter na vida. Não queria tentar ser boa novamente, já havia me cansado disso. E, por pior que fosse minha situação e por tudo o que eu vivera até ali, não enxergava que Deus poderia me salvar. Achava que talvez Ele estivesse querendo me recrutar por precisar de mim, mas na verdade era um Pai amoroso querendo me resgatar daquele inferno. Sentia também o diabo querendo me tomar, era como se os dois estivessem me disputando. Às vezes me sentia mais do lado de um do que do outro. Achava também que estava sendo prepotente, que Deus não iria brigar por mim, que talvez fosse mesmo do diabo, que fosse sua filha, sua serva, com tudo o que já havia feito, todo o ódio que sentia. Parecia que eu viera ao mundo para ajudar o diabo a fazer maldades, destruir, roubar, matar... Eu não tinha nenhum dom, talento, riqueza, fama... Nada justificava o amor de Deus por mim e o fato de Ele me chamar para Si. O que eu tinha para oferecer a Ele? Absolutamente nada de bom! Apenas falhas, limitações, pecados, dores, medos. E, por mais que eu gastasse horas e horas tentando compreender, era algo que estava muito acima do meu entendimento, da minha compreensão.

E, assim, entender o amor de Cristo que excede todo conhecimento, para que sejais preenchidos de toda a plenitude de Deus. (Ef 3:19)

Sentia-me tão fora da realidade da humanidade, mas Deus me chamava e, no meu íntimo, sentia algo vindo Dele, uma voz, um toque, um sentimento. No entanto, logo vinham tantas dúvidas. Não sabia se eu era mesmo má ou se lá no fundo existia algo bom. Se havia mesmo a possibilidade de eu ter me enganado tanto...

– Até parece que Deus me quer. Logo eu, um nada!

Era isso que eu me considerava, um alguém sem importância. Que, se estivesse ou não ali, não faria diferença para ninguém. Não entendia o que o Senhor poderia querer com alguém tão fraca, tão covarde, tão podre, tão oca.

Mas agora, assim diz Yahweh que te criou, ó Jacó; e que te deu forma ó Israel: "Não temas, porquanto Eu te salvei. Convoquei-te pelo teu nome; tu és meu! Quando passares pelas águas, Eu serei contigo; quando, pelos rios, eles não te submergirão; quando caminhares pelo fogo, não te queimarás, nem a chama arderá em ti. Porque Eu Sou Yahweh, teu Deus, o Santíssimo de Israel, o teu Salvador; dei o Egito por teu resgate e Cuxe, a Etiópia, e Sebá, por ti. Visto que foste precioso aos meus olhos, digno de honra, e Eu muito te amei, darei homens por ti e os povos, pela tua vida. Não temas, pois, porque Eu Sou contigo! Trarei a tua descendência desde o Oriente e te ajuntarei desde o Ocidente. (Is 43:1-5)

E, em meio a um turbilhão de pensamentos, momentos de indecisões e muitas tristezas, nós nos mudamos da casa da minha avó. E o começo foi como quando saímos de São Paulo: não tínhamos nada além das roupas; móveis e utensílios vieram de doações da família.

E recomeçamos mais uma vez.

CAPÍTULO VI

CONHECENDO O DEUS DO RECOMEÇO

O conheci

A felicidade não conhecia
Sofria tanto, nunca sorria
Tantos pesadelos, tantos medos
Vivia atrás de um espelho
Quis morrer
Tentei tirar minha vida
Não aguentava mais sofrer
Não tinha ninguém e chamava por você

Tive perdas, a dor aumentou
Perdi meus amigos, meu amor
Tanta depressão, tanta dor
Quase morri, mas você me salvou
Te vi, te ouvi, te conheci
Me deu tanto amor
Como cuidou de mim
Me carregou no colo e pôs para dormir
Me fez companhia
Meu amigo, meu pai, meu noivo
Disse palavras de carinho
E tudo se fez novo

Mudou meu espírito
Me ensinou a ser boa
Me falou que sou sua
E vou receber uma coroa

Ele é meu Deus
Meu Senhor, meu Mestre
Mais do que isso, é meu pai
Meu Aba, paizinho
Que me trata com carinho
Cuida de mim
Me perdoa, me entende
Sempre me olhando aqui
Grata sou por tudo
Pois sempre tenho Sua ajuda
Ele é fiel e não desampara
Como a um bebê me ampara
O Grande Eu Sou me diz quem eu sou,
E que está comigo na estrada.

FIM DA REBELDIA

Nessa nova residência, havia uma varanda onde eu permanecia por horas sentada pensando na vida. Observava um menino que sempre passava na rua e um dia começamos a conversar e nos tornamos amigos. Ele falava muito em Deus. Eu era muito calada e achei bonito o jeito dele, nunca tinha visto um jovem falar assim do Senhor. Um dia ele me chamou para ir à igreja que frequentava e eu, num primeiro momento, disse não. Argumentei que buscava a Deus em casa do meu jeito, mas com a insistência dele aceitei o convite. Numa manhã de domingo, nos encontramos no ponto do ônibus e fomos.

A igreja era enorme, nunca tinha visto um lugar tão grande. O que senti ali foi algo que não tenho como explicar. Uma paz como nunca havia sentido na vida, o amor de Deus por todo o lugar. Uma alegria sincera, verdadeira, que deixava aqueles rostos brilhantes. Senti-me como se estivesse no meu lar, finalmente havia encontrado um lugar onde me sentia bem e aceita. Todas aquelas pessoas adorando e buscando ao Deus que tanto desejei conhecer. Eu precisava daquilo. Conhecer a Deus daquela forma, louvar e adorar daquela forma. O Senhor estava ali e isso era totalmente perceptível. Ele é real e aquelas pessoas O conhecem, O adoram e O sentem! Não queria ir embora, mas, ao sair, também não sabia se voltaria. Só sabia que conhecer mais a Deus era o que eu queria, mesmo sem fazer ideia de como seria.

Os convites continuaram. Eu, às vezes, os aceitava, outras não. Aproximar-me de Deus me assustava um pouco, porque sabia que teria de rever todos os meus conceitos e parar de tentar me autodestruir. No entanto, na casa desse meu novo amigo começou a ter um estudo bíblico semanal, do qual ele me chamou para participar e fui. O irmão que nos ensinava sobre a Palavra era engraçado e falava de uma forma que nós entendíamos. Eu prestava muita atenção e tudo era novidade. Nesses estudos, conheci um primo dele e começamos a nos entreolhar, ele lembrava-me muito do Marcelinho, mais pelo jeito do que pela aparência. Era todo tatuado, oito anos mais velho do que eu, tinha dois filhos e usava drogas. Era o tipo de pessoa de que eu gostava, bem problemático, e saímos por algum tempo. Quando estava com ele, imaginava que fosse o Marcelinho e era isso que nos aproximava. O inimigo novamente colocava alguém no meu caminho, e ele realmente foi um empecilho para que eu buscasse mais a Deus. Sempre me levava para barzinhos e depois ia usar droga, até o dia em que começamos a combinar de usar juntos.

Frequentando às vezes a igreja e os estudos bíblicos, aos poucos ia aprendendo a Palavra de Deus, mas, por mais que eu soubesse que não podia jogar fora aquela oportunidade de ser amada por Deus, tinha muito medo. Não fazia a menor ideia do que era ser cristã e ainda não tinha forças para largar tudo o que me ligava ao passado. De vez em quando, o rapaz sumia e nessas horas me apegava ainda mais a Deus. Não era tão fácil mudar minha opinião sobre a morte, a vida, as pessoas, o amor. Tudo. Descobri que o que eu havia aprendido não era verdade. Só de imaginar parar de pensar no Marcelinho, ter de parar de chorar por ele, dar fim a tanto ódio, perdoar, esquecer o passado... Isso era tudo o que eu tinha e em que eu me apegava, mas saber que Deus me amava era tudo de que eu precisava para viver uma nova vida.

Sempre perguntava ao Senhor o que seria de mim sendo crente, já que só sabia ser má, esperta, passar a perna nos outros, usar minha inteligência para enganar ou para fazer coisas erradas. Já havia tentado ser boa e não dera certo, mas tudo o que Ele me mostrava era amor, e isso me atraía. Tudo o que sempre quis foi ser amada, e saber que Deus me amava valia a pena qualquer sacrifício. O Robson me emprestou uma Bíblia e eu andava com ela escondida no bolso. Lia muito. Chegava da escola e passava a tarde inteira lendo, queria conhecer mais. E, quanto mais lia, mais queria aprender. Era tudo muito novo, saber quem era Jesus, como Ele nasceu, tudo o que fez... Era lindo, mágico!

Conheci uma menina na escola e Deus me usou para falar de Jesus para ela. Eu, que ainda era um bebê recém-nascido na fé. Tudo o que aprendia, passava para ela e hoje ela é uma grande missionária na cidade do Rio de Janeiro e uma amiga com que Deus me presenteou.

Fui crescendo e pedindo a Deus libertação em todas as áreas, ajuda para parar de usar aquelas roupas curtas e sensuais, para parar de ficar com aquele rapaz e tantas outras questões na minha mente e no coração. Queria me aproximar de Deus e sabia que precisava me santificar.

> *Esforçai-vos para viver em paz com todas as pessoas e em santificação, sem a qual ninguém verá o Senhor.* (Hb 12:14)

Aos poucos era liberta, deixando de fazer coisas erradas. Assim, decidi nunca mais me envolver com aquele rapaz e foi o que fiz. Joguei minhas roupas curtas fora e Deus me supria. O que podia fazer externamente fazia, mas no meu interior precisava muito da ajuda de Deus.

CAPÍTULO VII

BUSCAS E LIBERTAÇÕES

Lembranças

Remexendo no baú, lembrei do passado
Pensei que nada me afetaria,
Afinal é minha história e
É nisso que a glória de Deus vai ser manifesta
E a presença exaltada
Tanto sorri, quanto chorei
Quanto descobri, quanto desvendei

Pessoas mortas reviveram
O que era pó voltou a ser carne
Fantasmas voltaram a assombrar
Feridas voltaram a doer
Voltou também saudade
Não saudade de um tempo
Mas saudade de um sentimento

Sentimento bom, forte
O amor verdadeiro
Que saudade eu sinto dele!
Me lembrei que o que hoje é sonho
Um dia foi realidade, eu tinha esquecido
Esquecido que um dia fui amada
Que o abraço que desejo, posso senti-lo
Mas sofrê-lo, pois não voltará.

CAMINHANDO COM DEUS

Era 25 de fevereiro de 2000, dia em que cumpri a ordenança do Senhor, o glorioso dia do meu batismo um ano após ir pela primeira vez àquela igreja. Meu coração estava cheio de expectativas, de paz, e transbordava de alegria. Nascia uma nova criatura! Naquele momento, todos os batizandos tinham seus parentes batendo palmas e estourando balões. Quando chegou minha vez de descer às águas, não havia ninguém, nenhum amigo ou familiar. Apenas um pequeno desapontamento por ninguém valorizar aquele momento tão importante e único na minha vida, mas não deixei que isso abalasse a minha fé. Estava totalmente convicta e decidida em seguir a Cristo.

Pedia incessantemente a Deus que tirasse todo o rancor e toda a mágoa que havia no meu coração, principalmente da minha mãe e do meu irmão. Cada vez que lembrava sentia tanto ódio e melancolia, mas não queria mais isso, ser prisioneira da maldade. Precisava perdoar. E com o tempo consegui. Não foi fácil nem rápido, mas Ele me encheu do Seu amor, um amor incondicional, imensurável, puro, verdadeiro. Não era mais possível sentir algo ruim com esses sentimentos habitando em mim e passei a amá-los de uma forma surpreendentemente surreal; se necessário, daria a vida por eles.

Com a conversão, que é uma transformação de vida em todos os aspectos, fui mudando o modo de falar, deixando de lado as gírias, a maneira de andar, de pensar, de agir, de ser. Vi que havia esperança, uma nova vida diante de mim, um recomeço, a oportunidade de ser diferente, de ser feliz, boa, de amar e ser amada. Vida abundante, pois antes tudo o que eu via era morte. E Deus me mostrava que Ele era o Deus do recomeço, que eu nascia de novo e tinha a oportunidade de ser quem eu na verdade nasci para ser, quem Ele projetou desde o começo.

> *Portanto, se alguém está em Cristo, é nova criação; as coisas antigas já passaram, eis que tudo se fez novo!* (2Co 5:17)

Nova criatura, à imagem e semelhança de Deus! Toda honra e toda glória ao Deus da minha salvação!

Minha família estranhou bastante, achava que era fogo de palha, mas as pessoas só viam as mudanças externas; o que Deus fazia no meu coração e na minha alma só Ele e eu sabíamos. A paz, o amor, a alegria... Tudo isso encontrei Nele. Deus preenchia a minha vida, tirava a dor, a raiva, o ódio, a revolta, a mágoa, a vontade de morrer, de matar. Isso eles não podiam ver, portanto não entendiam nem concordavam com minha mudança.

Conhecer a Deus de verdade era algo tão extraordinário. Eu podia sentir seu abraço. Era maravilhoso saber que alguém me amava de maneira incondicional, independentemente do que fui, do que era e do que seria; se às vezes errava, isso não importava para Deus. Ele não brigava comigo, me amava e cuidava de mim do mesmo jeito. Viver com o Senhor é a experiência mais extraordinária que um ser humano pode experimentar! Nada nem ninguém poderia me dar a proteção e a segurança que Ele me dá. A vida ao Seu lado é muito mais vida e muito mais novidade de vida do que a vida que eu levava antes. Eu só pensava em Deus e em tudo o que nós ainda tínhamos para viver juntos. O Senhor se tornou meu melhor amigo e eu criava um laço muito grande de intimidade e comunhão com Ele.

É claro que minha mãe não gostou nada disso, pois eu voltava da escola e passava a tarde toda lendo a Bíblia e à noite ia para a igreja, todos os dias! Diziam que eu estava fanática e blá-blá-blá... Nada disso, porém, importava. O Robson era um bom pai na fé e desde o princípio me ensinou a fazer visitas evangelísticas. Íamos a favelas, morros, pelo nosso bairro... ao monte, fazíamos reuniões de oração, jejuávamos e frequentávamos os cultos todas as noites. Eu não me manifestava ainda, tinha muita vergonha, ficava na intercessão. Vi que servir a Deus, viver para Ele, fazer Sua vontade era o que eu queria, o que me motivava e me deixava realizada. Quando finalmente compreendi "a largura, o comprimento, a altura e a profundidade do amor de Deus", não tive como não responder a esse amor com gratidão e dedicação total.

Depois de alguns anos de caminhada, comecei a sentir a necessidade de passar uns tempos em Brasília e de superar o passado (que ainda estava presente) de uma vez por todas. Não podia deixar que aquelas lembranças me dominassem, então comecei a orar a esse respeito. Depois de alguns meses, Deus me confirmou que eu podia ir; a princípio fui de férias, mas depois fui morar com meu pai.

Minha volta àquela cidade foi mais difícil do que eu jamais poderia imaginar. Andar novamente por aquelas ruas, encontrar meus amigos... Era muito difícil lutar contra um passado tão presente. Encontrava as pessoas e queria dizer que havia mudado, que agora conhecia Jesus, mas não conseguia e isso me frustrava. Era o tempo todo confrontada, cobrada, estava rodeada de gente que mal sabia que Deus existia. Todos, porém, notavam que havia algo diferente em mim e vinham me questionar o que acontecia. Certa vez, me perguntaram o que eu, sendo crente, faria com toda a minha esperteza, e respondi que ela se transformara em sabedoria.

Não estava tão preparada como achei que estivesse. Em Belo Horizonte, vivia rodeada de irmãos me ajudando, mas ali não, éramos só Deus e eu. Tinha medo de falhar, muitas vezes não sabia o que responder, como explicar minha mudança, ainda era nova na fé, mas era uma etapa que precisava ser vencida.

> *Antes, reverenciai a Cristo como Senhor em vosso coração, estando sempre preparados para responder a qualquer pessoa que vos questionar quanto à esperança que há em vós.* (1Pe 3:15)

Sei que foi importante, apesar de profundamente difícil estar ali. Deus queria me tratar e me libertar daquele passado. Eu não podia caminhar com aquelas lembranças e imagens de quando saí de lá, tinha de ver que o tempo havia passado, as pessoas tinham sumido e mudado, precisava disso para seguir em frente sem olhar mais para trás.

Todas as vezes que saía ou chegava, passava por aquelas ruas da quadra 1, onde antes vivi toda aquela história. Encontrei com o Papel, o Wesley e o Cascão e queria muito ter coragem e oportunidade de chamá-los para ir à igreja.

Morar com meu pai era ótimo, só nós dois era uma paz muito grande. Às vezes sentia vergonha do que o fiz passar, mas estava tentando recompensá-lo sendo a melhor filha possível.

Numa das voltas a Belo Horizonte, fiquei sabendo que haviam matado o Cascão. Chorei bastante, sofri muito. Gostava bastante dele e queria muito ter falado de Jesus para meu amigo. Eu o havia visto alguns dias antes e agora ele estava morto, e nunca mais teria a oportunidade de conhecer a Deus. De todos os amigos só restavam o Papel e o Wesley, os demais haviam partido para nunca mais voltar.

Em Brasília, Deus me revelou muitas coisas sobre mim, acredito que fui levada àquele deserto pelo próprio Espírito do Senhor, como Jesus. Era um deserto terrível, muito difícil, e eu não tinha nenhum cristão com quem conversar. Percebi o quanto era tímida e antissocial, às vezes fingia que não via as pessoas na rua, por medo de não saber o que dizer. Era uma timidez absurda que me afastava dos meus sonhos. Se não conseguia cumprimentar as pessoas, como conseguiria falar de Jesus? Eu me isolei para não ter que ver ninguém. Precisava ainda de muita libertação, tinha de me desligar urgentemente das lembranças, e por isso chorava muito.

Orava, chorava e clamava a Deus para curar a minha alma e me desprender daquele passado que insistia em me perseguir. Queria falar de Jesus para as pessoas, sair de casa e gritar aos quatro cantos o que o Filho de Deus havia feito em minha vida e o que podia fazer na vida delas. O Senhor já começara um lindo e longo processo de libertação em mim, mas ali ele se intensificou. Queria ser normal, curada, para ajudar os outros, ficar livre de todos aqueles traumas, da depressão que me rodeava por todos os lados, de tantos complexos... E foram anos de joelhos, jejum e oração clamando pela cura daquilo que me tornava cativa da tristeza.

> *"Eis que farei cicatrizar o teu ferimento e curarei todas as tuas feridas!", garante Yahweh, "porque chamaram-te a rejeitada, Sião, aquela por quem ninguém mais procura, tampouco se importa".* (Jr 30:17)

Antes de fazer o vestibular, disse ao meu pai que sonhava em estudar Teologia, com o que ele não concordou, então fiz Comunicação, que era a vontade dele, área na qual consegui um estágio. Três moças se aproximaram de mim na sala de aula, para quem eu sempre falava de Jesus. Era isso o que me dava mais prazer na vida, que fazia minha existência ter sentido.

Meu pai sempre foi autônomo, então não era fácil pagar a faculdade. Eu dava todo o meu salário do estágio para ajudar e ele completava. Não sobrava dinheiro para comprar roupas novas ou passear. Ia muito mal-arrumada e muitas vezes riam de mim por isso. Um colega um dia perguntou se eu havia pegado o tapete de casa para fazer de blusa. Apesar de ficar um pouco triste, já estava com "os olhos nas coisas do alto, e não nas da terra que são passageiras" (Cl 3:2), e Deus estava curando essa questão de inferioridade.

Levei minhas amigas e as amigas da minha irmã à igreja e, assim, ia fazendo a obra. E isso dava sentido a minha vida.

Certa noite, fomos a uma vigília e vi o Papel entrando com uma Bíblia na mão! Fiquei extremamente feliz e emocionada. Ele louvava, orava! Que lindo! Agradeci muito a Deus. Lembrei-me de tudo de errado que havíamos feito e glorifiquei a Deus por Seu amor e Sua misericórdia, mas em casa me lembrei do Marcelinho e me entristeci por pensar que ele não tivera a mesma oportunidade de mudar de vida. O Senhor, porém, me consolou, me trouxe palavras de entendimento, então descansei em Deus, confiando em Seus desígnios.

CAPÍTULO VIII

O COMEÇO DE UMA GRANDE LUTA

Ter alguém

Queria ter alguém, e não mais chorar
Alguém para simplesmente abraçar
Andar de mãos dadas, alguém para amar
Alguém que me escute, me olhe por dentro
Que fique comigo e não se vá com o tempo

Não procuro a beleza ou a elegância
Mas alguém que enxergue minha carência
Que me dê valor, que veja minha essência
Alguém que me tire desse vazio
Que me aqueça nesse frio

Alguém que mude minha história
Que me traga para o presente
Para as lembranças não mais me fazerem chorar
Que me faça viver e não mais sofrer
Que eu não seja mais desamparada, a solitária
Mas alguém procurada, alguém muito amada

Um amigo, um companheiro
Um menino verdadeiro, para estar comigo o tempo inteiro
Pra comigo sorrir ou, se preciso, chorar
Como crianças brincar, pular, cantar e dançar
Mas, quando preciso, fale sério e se coloque no seu lugar

Lugar de homem, com braços e mãos fortes
Que com seu abraço eu me sinta segura
E sempre tenha a sua ajuda
Homem que protege, que guarda
Que ama, que cuida e nunca desampara

Alguém que me complete, que me dê uma família
Para eu não mais entristecer e chorar
Ao ver uma mãe amamentar ou uma criança dançar
Ou mesmo um marido com sua esposa brincar
E eu não ter ninguém nem mesmo para conversar

Ter alguém para eu amar
Pois também quero ajudar
Amparar, aconselhar, abraçar, cuidar
Também quero me doar
Ser mulher e ser menina, que protege e que mima

Só quero ter alguém
O meu alguém
Aquele por quem espero, com quem sonho
Por quem choro, por quem oro
Aquele que há muito já amo e com quem faço planos

Só quero ter alguém
O meu alguém...

O BAQUE

O meu maior desejo era estar no centro da vontade de Deus e cumprir Sua vontade. Falar do Seu amor, levar outras pessoas a conhecê-Lo. Meu pai me questionava do que eu iria viver sendo uma Pastora ou algo assim. Ele me imaginava sendo uma escritora, jornalista. Meu irmão dizia que eu era muito inteligente e por isso seria muito rica e até famosa. No entanto, não era isso que eu almejava.

> *Não chegues à exaustão na tentativa de conquistar a riqueza; tem bom senso!* (Pv 23:4)

No final daquele ano, meus irmãos foram passar as férias em Brasília. Havia muito, desconfiava que meu irmão estava usando droga, mas ele sempre negava e inventava uma desculpa. Fomos a Goiânia passar o Natal e ele se drogou na casa da minha avó. Ficou transtornado, gritando com os olhos vermelhos. Eu me assustei; aliás, todos nós. Não esperávamos por aquilo, não imaginávamos que ele já estivesse naquela situação.

Fui para o banheiro, me ajoelhei e clamei a Deus pela vida do meu irmão. Chorei muito e não estava acreditando naquilo. Meu pai também ficou surpreso, sem reação, sem saber o que fazer ou dizer, tentou argumentar com meu irmão, mas ele estava completamente alucinado.

Depois de tudo o que passei, pensei sinceramente que já tinha sofrido tudo o que tinha para sofrer, mas estava enganada, ainda havia muito pela frente... Era apenas o começo. Enquanto esteve em Brasília, ele se drogou várias vezes e a cada vez era uma facada, um choque. Ao voltar para Belo Horizonte, continuou se drogando, e minha mãe frequentemente ligava chorando.

Aos poucos, eu me cansei da faculdade e foi muito difícil dizer isso ao meu pai e saber que o estaria decepcionando outra vez. Ele, porém, aceitou acreditando que no próximo semestre eu voltaria em outro curso, mas não era isso que eu planejava. Na verdade, ir para a faculdade, trabalhar, viver na normalidade como todas as outras meninas da minha idade não era nada fácil para mim. Naquele deserto, foram aparecendo muitas coisas que eu pensei que estavam mortas. A depressão, a timidez, o medo, a covardia, a apatia, o desânimo... Reflexos de traumas que ainda precisavam ser tratados, confessados para receber ajuda. Eu, aliás, tinha muita vergonha de dizer o quanto era problemática e quantos conflitos existiam dentro de mim. Nunca fiz uma amizade na igreja, jamais me abri com ninguém, pois achava que, se contasse como era minha vida, me condenariam, me excluiriam, diriam que eu não era crente o suficiente ou estava em pecado por sofrer tanto. Que iam me considerar menos crente por eu ter uma mãe alcóolatra, um irmão drogado, por ser problemática... Tinha medo de que soubessem que eu tinha medo! Que soubessem que eu precisava de ajuda. Eu, então, fingia ser perfeita e viver uma vida perfeita!

> *Portanto, confessai vossos pecados uns aos outros e orai uns pelos outros para serdes curados. A súplica de uma pessoa justa é muito poderosa e eficaz.* (Tg 5:16)

Eram tantas debilidades, tantas fraquezas, tantas dificuldades, uma luta interna muito grande. Só o próprio Deus poderia me curar e me libertar.

CAPÍTULO IX

CONVIVENDO E SOFRENDO COM AS DROGAS

Nicolai

Amanheceu
E ele chegou
Depois da menina
O menino nasceu
Que menino lindo
Mas que não dá sossego
Vive mexendo em tudo
Ele é muito travesso

Desde pequeno é conversador
Gosta de brincar e é muito mexedor
Mas dá muita alegria
Pois é encantador
Tem brilho no olhar
E sabe conquistar
Por onde anda
A todos sabe encantar

Tem muitos amigos
E é muito querido
Por onde vai
A todos vai divertindo
Como todos
Passa por sofredor
Momentos difíceis
Com muita dor
Mas todos sabem
Que é vencedor
Seu nome é Nicolai
Meu irmão, meu amor.

A PRIMEIRA QUEDA

Depois de um ano e meio naquele deserto e de sentir o quanto precisava de ajuda, resolvi voltar a Belo Horizonte. Deus já havia me ensinado o que precisava naquele tempo! Minha décima sétima mudança!

Meu irmão estava afundado nas drogas e, quanto mais ele se drogava, mais minha mãe bebia. Os dois precisavam de ajuda. Voltei a trabalhar e fiquei sem tempo para ir à igreja com frequência. Se não trabalhasse, não tinha dinheiro; se trabalhasse, não tinha tempo. O fato é que precisava trabalhar e ajudar minha mãe com as despesas da casa. As pressões aumentaram e as feridas estavam cada vez mais expostas. Meu relacionamento com minha mãe não melhorou, pelo contrário, a diferença é que eu havia crescido e não sentia mais ódio. Ela, contudo, continuava a me ofender e proferir palavras duras.

No trabalho, conheci um rapaz que não era crente e comecei a gostar dele. Pediram-me para que eu escolhesse entre ser promovida ou mudar de horário, então abri mão da promoção e mudei de horário para não o ver com frequência. Eu não tinha mais tempo para ler a Bíblia, ir aos cultos e à célula. Minha casa estava um caos, trabalhava de segunda a segunda com uma folga quinzenal e às vezes até 14 horas diárias sem descanso. De volta do trabalho, sempre encontrava minha mãe bêbada e chorando pelo meu irmão. Não recebia ajuda de ninguém, nem mesmo para orar por mim e me aconselhar; quando percebi, estava em depressão e caí. Cedi aos encantos do rapaz. No começo, saíamos e eu bebia refrigerante, mas com o passar das semanas aquela cerveja que ele bebia se tornou atraente. Estava sobrecarregada e esgotada e achava que beber me ajudaria a esquecer.

Eu, que era uma bênção nas mãos de Deus, que tinha um testemunho tão bonito, que vivia em santidade havia tantos anos, me decepcionei comigo e imaginava como Deus estaria triste.

Aquele rapaz me ouvia, me aconselhava, era inteligente e respeitador. E eu só queria um lugar e um colo para me refugiar. Ele pediu para me namorar, mas eu disse que não podia porque iria voltar para Deus e para a igreja. Eu sonhava em ter um marido crente para orar e ler a Bíblia comigo, viver em santidade, mas naquele momento não conseguia me afastar dele. O rapaz me fazia companhia e muitas vezes, quando minha mãe bebia, me tirava de casa e me levava para passear, tomar sorvete, me distraía. Era o que eu tinha naquele momento. Eu não tinha muito espaço para orar, a casa era pequena, dormia no mesmo quarto que meu irmão, em colchões no chão; quando chovia, não podia ler a Bíblia porque havia goteiras por todo lado, mal podia chorar com liberdade porque o quarto não tinha porta, então saía com ele. Perdi o contato com meus amigos evangélicos, não fazia parte de nenhum ministério, não tinha para onde correr e isso nos aproximava ainda mais.

Meu irmão passava dias fora de casa se drogando, dormindo no chão do centro da cidade e minha mãe muitas vezes saía de madrugada atrás dele. Estava cada vez mais magro, com os olhos fundos, era triste vê-lo daquela maneira.

Emagreci dez quilos em poucas semanas. Ao retornar a uma das reuniões de célula, os irmãos estranharam a minha magreza e perguntaram se estava acontecendo alguma coisa, mas eu disse que não. Não tinha coragem de me abrir.

Passamos por diversas e diárias situações difíceis com meu irmão. Numa noite, tentei segurá-lo para que não saísse para usar droga e ele me jogou no chão, no meio da rua, tarde da noite. Eu me levantei sangrando e chorando, sendo amparada pelos vizinhos. Outra vez, subi no telhado de casa atrás dele, para tentar tomar sua droga e evitar que caísse, mas o telhado estava molhado e ele corria de mim. Eu tentava segurá-lo e consegui. Coloquei fogo na droga, o que sujou a casa, e ele me mandou limpar; como não consegui, reclamou com minha mãe o quanto eu era preguiçosa.

No dia seguinte a esse evento, as pessoas me olhavam com pena e muitos vieram me confortar; enquanto as pessoas não sabiam, eu podia fingir que nada estava acontecendo, mas depois tive de enfrentar a realidade dura e crua e isso me machucava, me feria, me doía. Depois que cheguei do trabalho, encontrei minha mãe completamente bêbada dentro de casa. Eu estava me sentindo péssima, ainda traumatizada, e a encontrei num estado lastimável. Entrei para o quarto e ela foi atrás, sem nem conseguir parar em pé, então pedi que saísse e me deixasse em paz. Ela começou a me xingar, dizendo que eu era egoísta igual ao meu pai, que podia arrumar minhas coisas e ir embora. E eu fui. Liguei para o rapaz e ele me levou para passear, distrair.

Aos poucos fui deixando de ir à célula, onde não aguentava ficar sabendo que não estava vivendo o que queria demonstrar. Não era da minha índole ser hipócrita, fingir uma santidade que não existia. Depois, fui deixando de ir à igreja, não conseguia ir estando tão suja. Até que um dia, pensando comigo, cheguei à conclusão de que, independentemente do pecado que estava cometendo, estava afastada de Deus e num momento de desespero resolvi me entregar. Mesmo com tudo o que Ele havia feito em mim e por mim, ainda assim, virei as costas para Ele e resolvi viver por mim mesma.

O rapaz com quem eu me relacionava passou um final de semana em outra cidade e uma mulher de Deus disse a ele:

– Cuidado, porque você está mexendo com a menina dos olhos de Deus!

Na hora ele entendeu que se tratava de mim, e de comum acordo resolvemos nos afastar. Sabíamos que Deus tinha outros planos para mim.

Com o afastamento dele, porém, comecei a beber muito. Bebia de segunda a segunda, afundando cada vez mais no pecado.

> *Assim que chega, encontra a casa varrida e em ordem. Então vai e traz outros sete espíritos piores do que ele, e entrando passam a viver ali. E a situação final daquela pessoa torna-se pior do que a primeira". Felizes os que recebem a Palavra.* (Lc 11:25,26)

Comecei a sair para barzinhos e boates e logo fiz amizades que sempre me levavam para muitos lugares. Voltei a viver na libertinagem, fazendo tudo o que me dava vontade. No começo, foi um pouco difícil cauterizar a voz do Espírito Santo, que me mostrava o quanto estava errada, mas logo as saídas, as farras, as bebedeiras, os novos amigos e os galanteios ocuparam tanto meu tempo que eu não queria mais parar e voltar atrás. Quase não ficava em casa e não ver minha mãe e meu irmão era um alívio. Na verdade, apenas um anestésico para algo que precisava ser tratado.

Meu irmão finalmente aceitou se internar numa clínica, mas antes de ir me deixou no fundo do poço no qual ele estava. Ele se internou, porém eu já não conseguia mais ficar sem sair e beber.

Aos poucos, o mundo foi me conquistando e me oferecendo bandejas grandes e fartas. Na verdade, eu era ignorante com relação a isso, achava que nunca cairia nem correria esse risco, que nada no mundo me atrairia, que o inimigo jamais me afastaria da presença de Deus e não vigiei.

> *Assim, aquele que julga estar firme, cuide-se para que não caia.* (1Co 10:12)

Ia quase todo dia ao clube, sempre rodeada de pessoas, passeios, diversões, sítio com piscina, churrascos, festas, shows, viagens... Tudo do bom e do melhor, e nem andava mais a pé. Sempre que chegava, o dia já havia amanhecido e ia direto para o trabalho; às vezes, dormia apenas uma ou duas horas por noite. Bebia com mais intensidade e cada vez bebidas mais fortes. Fiz como minha mãe, usei a bebida para não ver e enfrentar os problemas.

Fui à primeira reunião de apoio à família de dependentes químicos. Era obrigatório para que pudéssemos visitar meu irmão uma vez por mês. Acho que todo mundo saía de lá se sentindo melhor, mas aquela situação me deprimia muito. Sentia cada vez mais vontade de chorar e de beber todas. Na volta para casa, não consegui segurar, as lágrimas rolaram e eu não fazia a menor questão de esconder como sempre fiz, pois a tristeza era grande demais. Pensando na vida, me vinha à mente a letra de uma música secular, da dupla Bruno e Marrone, que combinava muito com aquele momento: "vida vazia de sentimentos...". Vida vazia, era assim que eu estava vivendo sem Deus. Divertia-me bastante, sorria muito, dançava, cantava, fazia bagunça, curtia adoidado, intensamente, cada dia algo novo. Era gostoso viver assim, loucamente, mas... quando parava me sentia oca, podre, sabendo que faltava algo que me preenchesse, que me aquecesse. Faltava Deus.

Naquela reunião a ficha de que meu irmão estava num tratamento que seria eterno caiu. Ouvir aqueles pais e mães dizendo que ele sempre seria doente, que para sempre teria de lutar contra isso era muito triste. Queria sumir ou então acordar daquele pesadelo e viver uma vida maravilhosa... E a música de novo na cabeça: "Até o meu sorriso é tão sem graça que não há nada que disfarce essa tristeza em meu olhar...". Se com Deus não era tudo fácil, sem Ele estava muito, muito difícil. Sabia que em algum momento teria de tomar uma atitude e acertar minha vida, mas naquela noite só queria beber muito e tentar esquecer que tinha problemas. Estava em depressão outra vez, como quando criança e adolescente, e ela me tomou de tal maneira que me levava a novamente entrar no processo de autodestruição. E tudo o que eu queria era beber até morrer.

Saíamos e íamos de um lugar para o outro, e só voltávamos para casa quando a noite já estava acabando, mas era tudo passageiro e superficial.

> *Então decidi entregar-me aos vinhos e à extravagância, procurando, entretanto, manter mente e coração sob a liderança da sabedoria. Eu desejava descobrir o que, de fato, vale a pena debaixo dos céus, durante esses poucos anos que um ser humano vive sobre a terra.* (Ec 2:3)

Numa noite, antes de irmos para a noitada, escutei um hino tocando na igreja Batista na esquina da minha rua. Senti vontade de estar lá, louvando ao Senhor, de andar com Deus novamente e deixar aquela vida vazia. No dia seguinte, antes de ir para o trabalho, orei, mesmo sem sentir a presença de Deus ou Sua resposta, mas pedi a Ele que me desse força para voltar para a igreja. Naquela noite, saí e bebi muito. Ao chegar em casa, passei muito mal, vomitei e pensei: *Estou vivendo verdadeiramente uma ilusão. Até quando vou seguir sem Deus? Até onde vou chegar? Já estou ficando sem forças, está difícil caminhar.*

Estava tão perdida, sem rumo, sozinha, sem a segurança de que Deus estava cuidando de mim, me protegendo, ajudando, guardando. Queria o meu Senhor de volta! Queria voltar para Ele. Precisava Dele, não podia viver sem Ele, não podia mais... E me perguntava: *O que vou fazer? Como voltar?*

> *Entretanto, Eu mesmo levarei a ela saúde e cura. Eu os sararei e lhes manifestarei transbordante paz e segurança. Mudarei o destino de Judá e de Israel, e os reedificarei como no princípio. E os purificarei de toda a malignidade mediante a qual erraram e pecaram contra a minha pessoa; perdoarei todas as maldades que cometeram, pecando e se rebelando contra mim.* (Jr 33:6-8)

O coordenador da clínica nos ligou para dizer que meu irmão havia fugido, cheirado e tomado cola com Coca--Cola. Foram achá-lo no meio do matagal. Essa notícia veio como uma bomba. Na reunião, várias vezes, segurei para não chorar, mas minha mãe chorou todo o tempo. O que eu mais queria era um abraço, um ombro para chorar, porém não tinha ninguém, somente ilusão. O coordenador nos explicou com mais detalhes, disse que quando o acharam já estava morrendo, quase sem respirar, mas ele foi medicado e ficou três dias de cama, sem se levantar.

Naquela reunião havia pouca gente. Minha mãe começou a falar e mostrar todo o desespero que estava sentindo, e eu, que sempre tive vergonha de me expor, não aguentei e chorei na frente de todos. Tive vontade de sair correndo dali e me esconder em algum buraco. Que desespero, que angústia, que tormento! Ver aquelas pessoas falando das desistências, das recaídas, das dificuldades aumentava nosso desespero, parecia que ia ser um sofrimento sem fim. Estar com aquelas pessoas e ouvir aqueles comentários nos dava a entender que aquilo tudo que nós já tínhamos vivido era apenas o começo. Não sabia se aguentaria, se minha mãe sobreviveria a isso, não sabia o que fazer. Estava tão arrasada que nem senti vontade de beber. Nem que me embriagasse, nada poderia acabar com aquela tristeza. Só queria chegar em casa e chorar até não ter mais lágrimas.

Que saudade de Deus! Vi que estava cada dia mais afastada Dele, quase no fundo do poço. Como precisava do Senhor! Os problemas, as dificuldades aumentavam a olhos vistos, não conseguia mais ser tão competente no trabalho; por mais que me esforçasse, não era o suficiente. Aos poucos, as saídas, as festas, nada mais tinha graça, nada mais me satisfazia como antes, nada me supria, nada me preenchia, e eu tinha plena consciência de que a tendência era só piorar.

Não estava mais aguentando a pressão e a depressão. Num momento pensei em fazer uma loucura, mas entrei para o banheiro no trabalho e orei. Agachei-me e, chorando, levantei um clamor, um pedido de socorro. Senti uma necessidade tão grande de tê-Lo comigo. *Quem me dera se Ele me ouvisse e me socorresse!*, pensei. Como eu queria ainda ter comunhão com Deus, a certeza de que Ele me responderia. Pensei em tomar antidepressivo para ver se melhorava, mas achava que se o fizesse realmente estaria no fundo do poço.

Minha vida sem Deus estava literalmente uma desgraça. Se antes eu queria ter vontade de voltar para Ele, naquele momento era o que eu mais queria, só me faltavam forças. Uma manhã no trabalho ouvi na rádio um hino que tocou meu coração e falei:

– Deus, eu te amo tanto, me perdoa e me ajuda.

Escrevi numa folha o salmo 51 e o preguei na parede ao lado do caixa onde eu trabalhava. Eu o escrevi em código porque não queria que ninguém soubesse o que eu estava lendo, mas lia e orava aquele salmo várias vezes por dia. Ele era minha oração quando as palavras me faltavam.

> *Tem piedade de mim, ó Deus, segundo a tua misericórdia; conforme a tua grande clemência, apaga minhas transgressões! Lava-me de toda a minha culpa e purifica-me do meu pecado. Pois no meu íntimo reconheço as minhas transgressões, e trago sempre presente o horror do meu pecado. Pequei contra ti, contra ti somente, e pratiquei o mal que tanto reprovas. Portanto, justa é a tua sentença, e incontestável, ao julgar-me condenado. Reconheço que sou pecador desde o meu nascimento. Sim, desde que me concebeu minha mãe. Sei que tu queres estabelecer a verdade no meu interior; e no meu coração ministras a tua sabedoria. Portanto, purifica-me com hissopo e ficarei limpo; lava-me, e mais branco do que a neve serei. Faze-me voltar a ouvir júbilo e alegria, e os ossos que esmagaste exultarão. Esconde o rosto do meu pecado e apaga todas as minhas iniquidades. Ó Deus meu! Cria em mim um coração puro, e renova dentro de mim um espírito inabalável. Não me afastes da tua presença, nem tires de mim teu Santo Espírito! Restitui-me a alegria da tua salvação e sustenta-me com um espírito disposto a obedecer. Então*

ensinarei os teus caminhos aos transgressores, para que os pecadores se voltem também para ti. Salva-me do pecado de sangue derramado, ó Eterno, Deus da minha salvação, para que minha língua seja livre para cantar exaltando a tua justiça. Ó Senhor, dá palavras corretas aos meus lábios, para que a minha boca possa proclamar o teu louvor. Não te deleitas em sacrifícios nem te comprazes em oferendas, pois se assim fosse, eu os ofereceria. O verdadeiro e aceitável sacrifício ao Eterno é o coração contrito; um coração quebrantado e arrependido jamais será desprezado por Deus! (Sl 51:1-17)

Numa tarde, fui a um churrasco e uma das minhas tias me chamou para conversar. Disse que falou para o pessoal da clínica onde meu irmão estava internado que minha mãe também precisava de tratamento, por causa do álcool. Eles falaram que, se minha mãe não se tratasse, meu irmão não poderia sair da clínica, mesmo que completasse o processo. Na hora da conversa agi normalmente, mas foi duro escutar aquilo. Se até minha mãe, que era a única pessoa que eu tinha ali, estava doente, então realmente eu estava mais sozinha e abandonada do que imaginava. Não tinha quem olhasse por mim. Minha mãe e meu irmão já se encontravam naquela situação, e eu achava que ia acabar ficando louca ou doente também. Não sabia se ia aguentar segurar as pontas. Já era bem grandinha para me virar, mas pensar e me sentir sozinha no mundo era horrível. Minha vida estava desmoronando na minha cabeça, meus sonhos e planos se desfazendo como pó, aquilo que estava tão perto estava tão distante, e o que estava distante agora estava tão perto. Não sabia o que fazer, como agir, estava perdida, completamente sem rumo. No entanto, meus novos "amigos" ainda me faziam companhia e só o fato de tê-los para conversar me ajudava a continuar.

Às vezes chegava da noitada e, mesmo bêbada, ajoelhava e orava. No momento das festas, estava tudo ótimo, mas quando estava no meu quarto vazio batiam a solidão e a saudade de Deus e da santidade. Numa dessas vezes, ajoelhei, orei, chorei e pedi ajuda a Deus, disse a Ele que não tinha forças para recusar quando me chamavam para sair, ou deixar de sair para ir à igreja. Se o Senhor não se compadecesse de mim, estava perdida. Ele era minha única esperança. Não conseguia ver nada à minha frente sem Ele, um futuro, uma vida. Sem Deus, eu era uma ovelha desgarrada, uma barata tonta, um vegetal, um ser inanimado, sem vida, sem cor.

O ser humano, na maioria das vezes, é tão ignorante..., pensava comigo. Sabia que com Deus eu era feliz, protegida, segura, tinha todas as coisas cooperando para o meu bem. Tinha o criador do Universo a meu favor junto com um exército de anjos, mas, mesmo assim, insistia em sofrer, em continuar com aquela vida vazia, sofrida, triste, dura e sem sentindo. Por que eu não corria logo para os braços do meu Pai? Por quê? Por que estava sendo tão idiota e ignorante? Dava vontade de me bater para ver se criava vergonha. No fundo, ouvia uma voz dizendo: "Volta, volta".

Depois de dois meses sem ver meu irmão, chegou o grande dia de visitá-lo. A ansiedade estava grande. Queria dizer tanta coisa, mas só consegui chorar. Tive de me controlar, mas minha vontade era prantear, gritar, urrar. Estava tão bonito, o cabelo tinha crescido (antes de se internar, ele tinha raspado a cabeça porque derramara cola no cabelo todo), engordara dez quilos! Mas não estava fazendo tanta diferença porque antes estava tão magro... O rosto, porém, estava mais cheio e as costelas não apareciam mais. Na hora de ir embora o abracei e, ao deixá-lo para trás, meu coração partiu; queria tanto trazê-lo comigo, que ele voltasse para casa com a gente. Foi horrível deixá-lo para trás com aquelas pessoas estranhas que ele mal conhecia. Que dor, que sofrimento. Daria minha vida para ele ser curado para sempre. Só quem passa por isso realmente sabe a dor e o sofrimento que é ver alguém que você ama se destruindo diante dos seus olhos, definhando dia após dia. Eu o amava tanto, mas tanto, de uma maneira inexplicável, um amor sem medida, um amor que não cabia em mim. Acho que é como amor de mãe, pois queria protegê-lo, dar meu colo, mas não consegui dizer nem um "Eu te amo" porque o choro não deixou.

Minha mãe quis que eu encostasse minha cabeça no seu ombro, o que eu recusei. Ela me chamou de fria, mas eu sabia que, se encostasse no seu ombro, choraria descontroladamente e não queria demonstrar a dor que estava sentindo. Em casa, porém, corri para o banheiro e fui chorar debaixo do chuveiro. *Meu Deus do céu, que dor é essa? Que sofrimento é esse?* Não existem palavras para descrever a dor e a tristeza que eu estava sentindo. Como eu queria que ele tivesse ali comigo e que tudo aquilo fosse um pesadelo.

Estava afundada num lamaçal até o pescoço, como areia movediça: quanto mais me mexia, mais me afundava, mais me sufocava, mais ficava presa. Sabia que precisava dar um passo, mas era difícil. De vez em quando, na volta do sítio, no domingo de tardezinha via pessoas com a Bíblia na mão indo para a igreja e eu queria muito estar fazendo o mesmo, ter minha pureza, minha santidade de volta. "Será que ainda tenho recuperação?" Essa pergunta é crucial na vida de uma pessoa afastada de Deus. O inimigo sempre colocava na minha cabeça que não tinha mais jeito para mim, que minha vida com Deus já era, que Ele não me perdoaria, que não teria mais como ter comunhão com o Senhor. Eu quase acreditava, mas Deus falava comigo que não era verdade, Ele é o Deus do Recomeço. Lembrava-me do passado e sabia que Ele tinha um propósito para a minha vida, mas parecia que nunca mais poderia me usar, que nunca mais acreditariam em mim, que meu mau testemunho já era conhecido de toda a humanidade. Ninguém nunca mais daria crédito à minha pregação. Graças a Deus, contudo, eu não acreditei nisso. Conhecia a Palavra e sempre me vinha à mente aquele texto no livro de Jó:

> *Para uma árvore há mais esperança; pois se for cortada, ainda é possível que volte a brotar e torne a viver. Ainda que suas raízes envelheçam, e o seu tronco morra no chão, basta um pouco de água, e ela se revitalizará e produzirá novos brotos e ramos como se fosse uma planta nova.* (Jó 14:7-9)

Glória a Deus, havia esperança para mim e eu não podia deixar de acreditar nisso. Muitas vezes, mesmo estando em pecado, orava; não sabia se Deus me responderia ou não, se minha oração era realmente sincera, se orar tão vazia valia de alguma coisa, mas valeu, sim. Ele me viu naqueles momentos, pois sempre ouve nossas orações, Seus ouvidos estão sempre abertos para o nosso clamor, principalmente porque era propósito Dele. Deus me queria, Ele te quer, Deus nos quer.

Numa tarde em casa, entrei para o quarto, coloquei louvores, orei, louvei, chorei, pedi perdão com sinceridade, pedi ajuda mais uma vez e senti a esperança de mudança, de um recomeço. Disse a Deus de coração que me arrependia do dia em que dei o primeiro beijo naquele rapaz, do dia que dei esperança. Ah, se eu pudesse voltar no tempo!

Estava tão carente que mandei mensagem no celular da minha irmã em Brasília. Ela me ligou de volta dizendo que me amava, que estava sofrendo muito por causa da gente e que chorou muito quando ficou sabendo que eu estava afastada dos caminhos de Deus. Me senti mal, queria logo desligar o telefone não sei por quê, não sei se por vergonha ou por saber que ela estava certa... De repente senti um forte e sonoro VOLTA, latente, persistente. Eu sabia que de noite ia sair, beber, dançar, mesmo assim entrei para o quarto, tranquei a porta, peguei minha toalhinha de choro, coloquei louvores e comecei a chorar. Orei, mas orei como antes, senti Deus de novo depois de tanto tempo, e foi sincero, verdadeiro. Pedi perdão, pedi a Ele que me abraçasse e senti o Seu abraço me dando força; pedi a Ele que falasse comigo na Palavra e o Senhor falou:

> *Tirou-me do fosso fatal, do charco lamacento, assentou meus pés sobre uma rocha e orientou meus passos. Em minha boca colocou uma nova canção, um cântico de louvor ao meu Deus. Que muitos possam compreender o que me aconteceu e venham a adquirir confiança e temor no SENHOR.* (Sl 40:2-3)

Fiquei alegre, mas mesmo assim saí à noite.

Alguns dias depois, minha amiga missionária do Rio de Janeiro me ligou para ver como estava. Tive coragem e confessei que não estava nada bem, e ela disse que estava orando por mim e que Deus iria cumprir as promessas que fizera para mim. O telefonema dela me trouxe esperança, foi tão bom saber que tinha alguém orando por mim, me ajudando naquela luta, alguém que me lembrou de que Deus tinha planos para mim e não ia desistir.

Finalmente consegui ir à igreja. Uma menina que trabalhava comigo e era desviada queria ir e isso me encorajou. Foi muito melhor do que esperava, me senti bem, como se tivesse ido visitar uma pessoa que não via fazia muito tempo e ela tivesse me recebido muito bem, deixando-me à vontade, com intimidade, liberdade. Deus me recebeu muito bem, tive vontade de não sair mais de lá, de abraçar todo mundo. Senti vontade de ir à célula, tive arrependimento pelos meus erros e esperança de que não fosse tão difícil voltar a frequentar os cultos como eu pensava.

Dentro da igreja me senti tão bem, tão amada, tão em paz, mas sabia que lá fora me esperava um mundo sujo, cruel e com muitas lutas; não queria ir embora, mas ainda tinha muito que aprender, aprender a conviver com esse mundo sem permitir que ele me vencesse, sem deixá-lo me matar, me contaminar, me entristecer, me assustar.

Estava com vergonha de tudo o que estava fazendo, de tê-Lo decepcionado, magoado. Pensei: *Ele me ama tanto! O que eu fiz? O que estou fazendo? Que arrependimento, que vergonha! Como vou consertar tudo? Como vou voltar atrás? Será que tem como?* Esperava que Deus tivesse me ouvido, então fui ao guarda-roupa, peguei minha garrafa de vodca que estava escondida e joguei o conteúdo no vaso sanitário.

Fui novamente ao culto, dessa vez sozinha. Foi bom ter ido, estar lá, mas me senti uma ovelha desgarrada, um pouco só. Como queria ter minha santidade de volta, minha paz, me sentir bem comigo mesma e com Deus. Queria que aquilo que eu cantei no culto fosse minha realidade. Que pesadelo! Um dia depois, novamente louvei, pedi perdão e realmente me arrependi das bebedeiras, de ter virado as costas para o meu Pai, de tê-Lo deixado de lado, de ter preferido viver sem Ele, de achar que longe Dele estaria melhor ou que as coisas seriam mais fáceis. Que ignorância! Mas como era bom senti-lo novamente, estar voltando. Como era bom ficar sóbria!

No entanto, continuei saindo. Não queria, mas quando chegava o dia não conseguia resistir e esperava não voltar àqueles lugares novamente. Quando saía, dizia:

– Que eu nunca mais coloque meus pés neste lugar em nome de Jesus!

E tinha fé de que um dia isso iria acontecer.

Mais um dia de visitar meu irmão e minha irmã e meu pai vieram de Brasília. Estávamos nós cinco juntos como havia muito tempo não ficávamos. Minha mãe não estava bem emocionalmente, assim como meu irmão, que estava nervoso em razão da abstinência. Eles, então, acabaram discutindo. Fiquei com dó da minha mãe, mas o que podia fazer? Era ele que estava ali em tratamento e quem, naquele momento, precisava de cuidados. Tentei dizer isso, mas ela não gostou, chorou, resolveu ir embora sozinha e disse que nunca mais iria visitá-lo. Ficamos sem reação. Meu pai e minha irmã foram atrás porque sabíamos que se eu fosse ela iria brigar comigo, mas ela já havia voltado de carona.

O dia acabou para nós ali. Tentei disfarçar, mas estava arrasada e queria ir embora. Meu irmão ficou muito triste e meu pai disse para ele não deixar isso o abalar. Ele já tinha dito que não estava bem, que estava triste e até com vontade de se drogar. Ficamos até o fim tentando distraí-lo, mas estava tenso. Fomos embora e fiquei o tempo todo me fazendo de forte. Na volta caiu uma lágrima, precisava muito chorar, mas não queria que meu pai e minha irmã notassem. Chegando em casa, tocamos a campainha e nada. Subi no telhado para tentar abrir a janela e minha tia apareceu xingando e gritando que nós não devíamos ter feito aquilo com minha mãe. Contou que ela bebeu e tentou suicídio, cortou os pulsos. Meu pai a chamou para dentro e foi explicar o que realmente havia acontecido, e ela entendeu e se acalmou. Eu estava arrasada, um caco, despedaçada, fui tomar banho e chorar. Não estava aguentando, não dava para segurar. Tinha vontade de gritar, pedi ajuda a Deus.

Mais tarde minha mãe voltou para casa, falou com meu pai e minha irmã, mas me ignorou. Eu queria ir dormir, mas meu pai queria conversar comigo. Disse que sentia dó de mim pelo que sofria com minha mãe, que eu não precisava daquilo, ser o saco de pancada dela, e arrumaria um emprego para mim em Brasília e me levaria para lá de qualquer jeito. Falou que lá eu seria bem tratada, que se eu fosse morar em Goiânia com minha avó seria tratada como uma princesa como eu merecia, que uma pessoa que tinha uma filha como eu deveria levantar as mãos para o céu e agradecer a Deus. Ele me emocionou, nunca ninguém havia falado algo assim para mim, e não aguentei mais segurar o choro. Fui deitar para chorar e chorei até dormir. Fiquei pensando que Deus devia me achar muito forte para me permitir passar por tanta coisa. *Por isso que sou assim esquisita, meio louca, anormal, antissocial*, pensei comigo. Meu pai disse que eu não podia deixar de ir à igreja e mesmo que estivesse desanimada devia entrar para o quarto e orar. Ele sabia o quanto eu precisava de Deus. No outro dia, minha mãe conversou comigo normalmente e agiu como se nada tivesse acontecido.

Finalmente fui parando de sair e conseguindo dizer não aos convites. Ainda ficava meio triste quando os via saindo, sabendo que ficaria em casa sozinha, mas sabia que valeria a pena e já estava valendo. Às vezes batia um vazio, tinha pensamentos tristes; numa noite, parei para pensar que quando eu era criança a casa sempre vivia cheia, muita falação, brincadeira, briga, e naquele momento éramos só minha mãe e eu, na casa vazia, como a viúva e o órfão. O inimigo não desistia, tentava me fazer recuar, cair, me deprimia, me oprimia, me tentava. Sentia-me tão mal e parecia que o diabo estava realmente conseguindo me destruir.

Depois de mais ou menos um mês trancada em casa, tomei finalmente uma posição. Não aguentava mais pecar, a vida sem Deus não tinha nem tem sentido, é sem paz, sem alegria de verdade. Aquela vida não dava mais para mim.

Passado o processo de internação do meu irmão, ele recebeu alta, mas em poucas semanas já estava se drogando novamente, se afundando cada vez mais, e eu me desesperei por ter de passar por tudo aquilo novamente. A depressão agora era visível a qualquer um; mesmo sem me afastar de Deus, ela estava lá. Atacou também o meu físico e eu travava uma luta entre a vida e a morte, parecia que ela queria me vencer. Meus cabelos caíam, minhas unhas estavam com manchas, tremia tanto que tinha dificuldade para cortar um legume, uma fruta ou prender uma pulseira... Sentia muita tontura, cansaço, tinha fortes e frequentes dores de cabeça. Praticamente todos os dias me entupia de analgésicos, estava com a imunidade baixa e todo mês tinha fortes infecções de garganta, que não saravam com antibióticos. Estava fraca por dentro e por fora. Sem apetite, mal me alimentava, sentia angústia, medos, tristezas, pensamentos negativos e novamente a morte me rodeava.

Procurei um psiquiatra, que me receitou antidepressivos (muitas pessoas doentes na igreja se recusam a se tratar com medicamentos, mas só consegui me levantar e me curar quando fui medicada; a Medicina é um instrumento de Deus).

Não sabia se teria forças para trabalhar, estudar, se conseguiria fazer como as outras moças da minha idade faziam, mas ia tentar. Queria vencer de uma vez por todas essa doença que me atormentava desde a minha infância.

Sabia que muitos daqueles problemas só o tempo resolveria; outros talvez fariam parte da minha personalidade e, com os demais, travaria uma luta diária, pois vinham, machucavam, me entristeciam. No entanto, eu lutava, ia à igreja, falava com Deus, buscava orientação na Palavra. Precisava admitir que tinha problemas e necessitava de ajuda, sem ter medo do julgamento das pessoas, de perguntarem onde estava o meu Deus. A resposta era simples: Ele estava comigo, o médico dos médicos, o meu médico que estava me tratando. Isso, porém, não impedia os ataques do inimigo, sempre me lembrando, me sugerindo que, se eu tomasse alguns comprimidos de tal remédio, toda aquela tristeza passaria e eu estaria em paz. Mentira de satanás! Nada estaria resolvido se assim o fizesse. Deus estava comigo e eu estava com Ele, e tudo o que o Senhor havia feito na cruz, dando Sua vida por mim, já era mais do que suficiente para que eu fosse grata a Ele e entregasse minha vida por completo, independentemente das circunstâncias.

Foi durante esse processo de volta aos braços do Pai que reencontrei um antigo amigo do meu irmão, hoje meu esposo. Nas nossas conversas, percebi que tanto eu quanto ele estávamos mais maduros, e disse a ele que havia passado um período afastada dos caminhos do Senhor, mas que estava voltando. Saímos algumas vezes e eu o convidei para ir à igreja. Ele foi sem resistência e gostou bastante.

CAPÍTULO X

A CURA

Antes e agora

Chegou o tempo
Hora de festejar
Me alegrar, pular, cantar, dançar
Não foi fácil esperar
Não foi simples tudo o que passei
Sofri, chorei
Mas passou e hoje tudo mudou

Foram dias tristes, noites longas
Momentos sofridos com dor
Muitas lágrimas, angústia
Momentos difíceis com muito ardor
Quarto escuro, solidão, vazio...
Só eu sei o que era aquilo

Pensei que ia morrer
Ficar doente, enlouquecer
Acabar só numa vida curta
Que as feridas iam para sempre arder
E nunca a elas iria esquecer
Que um amor era um sonho
Que nunca ia acontecer

Mas hoje tenho sempre um sorriso
Sou alegre, sou feliz
Tenho minha família, meu amor, meu Senhor
Tenho o que desejei, o que esperei, o que busquei
Aqueles momentos tristes se foram
E agora tudo se fez novo.

Depois da minha decisão de voltar para Deus e enfrentar e vencer meus problemas, isolei-me do mundo e daquelas amizades que me afastavam Dele. Afastei-me de todos, deixei o Senhor trabalhar em mim, me restaurar. Ainda continuava muito solitária, sem amigos crentes. Teria de começar do zero, mas sabia que um dia aquela situação mudaria. E o Senhor falou comigo e renovou meu ânimo:

> *Não temas, porque não tornarás a ficar envergonhada; jamais te sentirás humilhada, porque não ficarás constrangida. Em verdade, hás de esquecer a condição vexatória da tua juventude e não te recordarás mais da humilhação da tua viuvez. Pois o teu Criador é o teu esposo, Yahweh, o SENHOR dos Exércitos é o seu Nome, o Santo de Israel e seu Redentor, ele é chamado o Deus de toda a terra. O Eterno te chamará de volta como se fosses uma mulher abandonada e aflita de espírito, uma mulher que se casou jovem tão somente para ser rejeitada!", diz o seu Deus. "Por breve momento Eu te abandonei, mas com profunda compaixão Eu te farei retornar. Num impulso de indignação escondi de ti o meu rosto, mas logo me compadeci de ti, levado por um amor que jamais se extinguirá!" Declara Yahweh, o teu Redentor. Como nos dias de Noé, quando jurei que as águas de Noé nunca*

mais inundariam a terra, do mesmo modo juro agora que nunca mais me encolerizarei contra ti, que não mais te ameaçarei. Os montes podem mudar de lugar e as colinas podem abalar-se, mas o meu sentimento de benevolência e misericórdia, isto é, meu amor, nunca mudará; a minha Aliança de Paz não será jamais abalada!" Afirma Yahweh, aquele que se compadece de ti. Ó cidade aflita, açoitada por tempestades e não consolada, Eu te edificarei com turquesas, edificarei teus alicerces com safiras. Farei de rubis os teus escudos, de carbúnculos as tuas portas, e de pedras preciosas todos os teus muros. Todos os teus filhos serão discípulos de Yahweh; grande será a paz dos teus filhos. Serás edificada sobre a justiça; livre da opressão, nada terás a temer; estarás livre do terror; com efeito, ele não te atingirá. Se fores atacada, não será por obra minha; todo aquele que te atacar, cairá nas tuas mãos. Vede! Eis que fui Eu quem criou o ferreiro, que sopra as brasas até darem chama e forja cada arma para o seu próprio fim. E fui Eu quem criou o exterminador para gerar o caos. Nenhum instrumento forjado contra ti terá êxito. Toda língua que se levantar contra ti em julgamento tu a provarás culpada. Tal será a herança dos servos de Yahweh, e esta é a defesa que faço do nome deles!" Oráculo do SENHOR. (Is 54:4-17)

Quando estava triste, entrava para o quarto e chorava no colo do meu Aba Pai, clamando pela minha libertação, cura, força, pela presença Dele mais e mais na minha vida. Tinha muita fome e sede Dele, para que novamente sentisse paixão pelo Senhor e pela Sua palavra, para que eu pudesse amá-Lo com todo o meu ser e me alegrar na minha salvação. Buscava somente a presença Dele e tudo o que Ele é. O tempo passava, e o que me interessava era só buscar a face de Deus.

Voltei a frequentar os cultos com mais intensidade, e aquele que viria a ser meu marido ia comigo. Depois de algum tempo, ele decidiu que também queria seguir a Cristo. Pediu-me em namoro e começamos a buscar a Deus juntos. Enquanto eu buscava santificação, ele visava conhecer quem era Deus. Em poucos meses se batizou e em menos de um ano nos casamos na nossa igreja amada, como sempre foi meu sonho.

Aos rejeitados, Deus os recolhe em pátrio lar [...] (Sl 68:6a)

O casamento é um sonho. Um sonho que nasceu primeiro no coração de Deus, é plano Dele para nós! Sempre sonhei em ter uma família, minha casa, meu lar. Um lar de paz, uma família feliz, poder dar aos meus filhos uma estrutura que não tive, ensiná-los princípios cristãos que não conheci na infância. E o Senhor realizou meu sonho.

O casamento é lindo, mas é também um desafio. E como o Senhor me ensina nas dificuldades e desafios! No princípio do casamento, fui tratada em muitas áreas na minha vida e muitas vezes foi doloroso e difícil, mas preciso para o processo de cura; depois de tantas lutas, já estava acostumada a aprender com os problemas. Foi quando o Senhor trabalhou em mim questões como o complexo de inferioridade, o medo de me expor e mostrar meus sentimentos, a dificuldade de falar de mim mesma, o medo de rejeição e tantas outras questões. E glória a Deus por isso, porque dia a dia o Senhor trazia sobre mim cura e libertação.

Quando conheci meu esposo, ele tinha um filho fruto de um namoro anterior, e aquele menininho de 2 anos veio morar conosco após o casamento. Ele tinha Transtorno de Déficit de Atenção e Hiperatividade (TDAH), mais um desafio que o Senhor colocou diante de mim. Eu me considerava tão fraca, mas Deus me colocava em provas que me mostravam que com Ele eu era mais que vencedora! Eu o recebi como a um filho que tivesse nascido de mim e o amei desde o primeiro dia. Nós o ensinamos nos caminhos do Senhor e a cada dia ele cresce em estatura e graça.

Depois de três anos de casada, engravidei. Estava chegando um irmãozinho para o Rafa. Foi uma gravidez muito sonhada e desejada, e muitas vezes parecia um sonho. No entanto, como tudo na minha vida vem com uma luta, com o nascimento do meu filho não foi diferente. Como já disse, Deus gosta de me ensinar por meio das lutas e hoje já estou calejada!

Com dois dias de vida, meu bebê foi diagnosticado com sepsia[4] (infecção generalizada) e foi imediatamente

---

4 De acordo com o Instituto Latino Americano de Sepse, "a sepse é um conjunto de manifestações graves em todo o organismo produzidas por uma infecção. [...] Hoje é mais conhecida como infecção generalizada.

Na verdade, não é a infecção que está em todos os locais do organismo. Por vezes, a infecção pode estar localizada em apenas um órgão, como por exemplo, o pulmão, mas provoca em todo o organismo uma resposta com inflamação numa tentativa de combater o agente da infecção. Essa inflamação internado. O estado dele era gravíssimo e tinha pouquíssimas chances de sobreviver. Passamos longos e dolorosos dias no hospital, onde ele foi perfurado dezenas de vezes, teve de tomar vários tipos diferentes de antibióticos venosos, chegando a ponto de precisarem dissecá-lo. Fizeram dois cortes, um na virilha e outro no braço direito, e colocaram um tubo por dentro da pele, que levava a medicação direto para o coração, além de tirar sangue para os exames. No dia da dissecação, tiveram de dopá-lo e, quando me devolveram meu filho, ele parecia morto.

Ao vê-lo todo costurado, entrei em desespero. Chorava dia e noite, mas sabia que Deus compreendia que meu choro não era falta de fé, apenas a reação de um ser humano totalmente quebrado e ferido. A cada furo que davam nele, jorrava sangue, sujando suas roupinhas que eu comprara com tanto carinho. E eu orava e clamava a Deus por misericórdia. Certa tarde, entrei para o banheiro daquele hospital e coloquei meu rosto no pó. Ajoelhei-me e levantei um clamor a Deus, dizendo:

---

pode vir a comprometer o funcionamento de vários dos orgãos do paciente. Por isso, o paciente pode não suportar e vir a falecer. Esse quadro é conhecido como disfunção ou falencia de múltiplos órgãos. É responsável por 25% da ocupação de leitos em UTIs no Brasil. Atualmente a sepse é a principal causa de morte nas Unidades de Terapia Intensiva (UTI) e uma das principais causas de mortalidade hospitalar tardia, superando o infarto do miocárdio e o câncer. Tem alta mortalidade no país, chegando a 65% dos casos, enquanto a média mundial está em torno de 30-40%. Segundo um levantamento feito pelo estudo mundial conhecido como Progress, a mortalidade da sepse no Brasil é maior que a de países como Índia e a Argentina." Disponível em: http://www.ilas.org.br/o-que-e-sepse.php. Acesso em 20. fev. 2018.

– Senhor, eu não entendo o porquê de tudo isso e imploro que salve meu bebê. Mas, se quiser levá-lo, eu aceito, não vou Te abandonar nem blasfemar, pois foi o Senhor que me deu, então ele é Teu. Mas poupa meu bebê desse tormento, não aguento mais vê-lo sofrer tanto.

> *[...] Jó levantou-se, rasgou o manto que vestia e foi raspar a cabeça. Logo em seguida, ajoelhou-se, encostando o rosto no chão, em sinal de humildade e adoração diante de Deus, e exclamou em oração: "Nu deixei o ventre de minha mãe, e nu partirei da terra. Yahweh deu, Yahweh o tomou; louvado seja o Nome do SENHOR!" E em todas as suas atitudes Jó não errou nem pecou, e também jamais culpou a Deus por revés algum.* (Jó 1:20-22)

Depois de longos dias, os mais difíceis da minha vida, por um milagre e contra a estimativa de todos, ele começou a desinchar e as bactérias regrediram. Estava muito magro, enrugado, mas vivo! Recebeu alta e, ao sair daquele hospital com meu filho nos braços, o sentimento era de estar voltando de uma guerra. E o mais extraordinário é que eu já não era mais a mesma. Deus trouxe uma cura desmesurada ao meu filho, mas algo havia mudado em mim também! Entrei naquele hospital chorando de medo e desespero, era frágil e insegura, uma menina ainda, mas, ao sair, era uma mulher, leoa, guerreira, vencedora. Fui para casa disposta e pronta a enfrentar qualquer situação, qualquer problema ou luta. Naqueles dias de desespero, o Senhor me ensinou a confiar cegamente em Seu agir, a amá-Lo sobre todas as coisas, até mesmo mais do que meu sonhado e amado filho.

Foi uma experiência extremamente difícil, mas o Senhor me curou profundamente. Acredito que nesses dias recebi a cura de enfermidades como depressão, transtorno de estresse pós-traumático, melancolia, timidez, medos, inseguranças...

> *Não vos declaro isso por estar necessitado, porquanto aprendi a viver satisfeito sob toda e qualquer circunstância. Sei bem o que é passar necessidade e sei o que é andar com fartura. Aprendi o mistério de viver feliz em todo lugar e em qualquer situação, esteja bem alimentado, ou mesmo com fome, possuindo fartura, ou passando privações. Tudo posso naquele que me fortalece.* (Fl 4:11-13)

> *Porquanto, Deus não nos concedeu espírito de covardia, mas de poder, de amor e de equilíbrio.* (2Tm 1:7)

> *Se vivemos, para o Senhor vivemos; e, se morremos, é para o Senhor que morremos. Sendo assim, quer vivamos ou morramos, pertencemos ao Senhor.* (Rm 14:8)

Houve também um período muito conturbado em meu casamento, em que meu esposo passou por grandes lutas espirituais e emocionais, chegando a ponto de me mandar embora de casa. No entanto, orando e buscando ao Senhor, Ele me disse, por intermédio da minha irmã, que não desistisse do meu casamento, muito menos do meu esposo.

Apesar de ele me tratar mal e fazer tantas coisas abomináveis aos olhos de Deus, escolhi lutar.

Foi um período de cerca de um ano, no qual era diariamente atacada por satanás; ao final desse tempo, porém, mais uma vez o Senhor me deu vitória. Restaurou a vida do meu esposo, ele se libertou e voltou a ser o homem maravilhoso que era. Um homem de Deus, marido exemplar, pai amoroso e, acima de tudo, temente a Deus. Mais uma vez, o Senhor me ensinou tanto por meio de uma grande luta, e hoje somos mais fortalecidos e firmados Nele e nos amamos ainda com mais intensidade, não um amor raso, mas profundo e verdadeiro. Juntos aprendemos o quão dependentes de Deus nós somos e o quanto precisamos que Ele esteja no centro do nosso lar.

> *Um homem sozinho pode ser mais facilmente derrotado, mas duas pessoas conseguem resistir. Um cordão de três dobras não se rebenta com facilidade!* (Ec 4:12)

CAPÍTULO XI

ZOE

Ele é maior

Na arte de viver é difícil entender
Que não nascemos só
Mas muito só ficaremos
Cada vida, cada ida, cada vinda, cada partida
Nunca se completa, nunca se farta
Pois, quando acordo, estou só na estrada

Tento achar, tento entender
Onde me completar, onde me preencher
Procuro um espaço, um lugar
Onde eu possa me aquietar e ter alguém para me escutar
Mas ainda não achei o que estou procurando
Por isso continuo caminhando

Sei que há um lugar, sei que há um ser
Onde eu possa me acalmar e ter alguém para me entender
Mas Ele é tão grande, tão disputado
Que na maioria das vezes me sinto errado
Não faço o que gostaria e o que nos aproximaria
Por isso me afasto e fico no aguardo

Aguardo uma resposta, pois não consigo escutar
Preciso ouvir um sim, pode se aconchegar
Mas permaneço inerte, quieta
Com saudades fico na espera
Sonho que Ele me entenda
Que saiba que não sou perfeita

Me desviei, caí, me afastei
Por um momento O deixei
Fraca, só, O recusei, mas voltei
Agora quero sentir, quero ouvir,
Que me aceita como sou
E que está sempre perto de mim

Aquele que está acima, que é maior
Que se deu por mim, sangrou e chorou
Sua história de amor eu sei de cor
Não há amor como o Dele, Ele tem sempre o melhor
E é a isso que me apego e ainda me alegro
Pois nunca acaba Sua bondade,
Ela dura por toda a eternidade.

Como era maravilhoso viver a vida de Deus, aquilo que Ele planejou para mim. Estar totalmente em Sua presença, sem o peso e a opressão do pecado. Uma paz que não tem preço!

Hoje, não olho para trás com pesar ou qualquer sentimento de tristeza. Não mais. A cura veio sobre mim não como eu imaginava que seria. Recebi por meio de um longo e doloroso processo, mas ela chegou. Acredito sim que, quando recebi Jesus no meu coração, recebi também a realidade de que Ele levou sobre si minhas dores e enfermidades... O fato é que diariamente somos atacados por satanás, que conhece nossas fraquezas, e também pela nossa carne, por desejos, que insistem em nos atrair... Cabe a nós dizer não. Cabe a nós correr diariamente para os braços do Pai e nos lançarmos até que Ele aquiete nossa alma e nos lembre de quem nós somos e de Suas promessas e planos para nós.

Quando estive no hospital com meu bebê, decidi dar um basta e viver a realidade da Palavra de Deus e da vida cristã. Deus é a cura e Ele está disponível, já venceu tudo na cruz; se não tivermos esse entendimento, porém, não traremos à memória aquilo que nos dá esperança e entramos na armadilha de satanás. Tomei a postura de vencer qualquer enfermidade – espiritual ou física –, qualquer batalha, não sozinha, porque nunca conseguiria, mas com Jesus, meu Salvador, Todo-Poderoso, que estava comigo sempre.

O Salmista afirma:

> *De fato, acalmei e aquietei os meus sentimentos. Como uma criança satisfeita está para sua mãe, assim a minha alma está para todo o meu ser.* (Sl 131:2)

Ele diz que fez calar a alma e assim devemos fazer.

> *Recordo-me da minha aflição e do meu delírio, do meu profundo sofrimento e do meu enorme pesar. Lembro-me bem disso tudo, e a minha alma desfalece dentro de mim. Contudo, quero lembrar do que pode me dar esperança.* (Lm 3:19-21)

Ainda assim, constantemente uma seta é levantada para me afrontar nas áreas em que fui curada. Muitas e muitas vezes, tenho dificuldades em me socializar, enfrento a timidez, a vontade de me isolar, os transtornos que me fazem me sentir mal com situações ligadas ao passado, então oro, louvo, leio a Bíblia e trago à memória aquilo que me dá esperança. Por meio dessas práticas, renovo minha mente e me fortaleço.

> *E não vos amoldeis ao sistema deste mundo, mas sede transformados pela renovação das vossas mentes, para que experimenteis qual seja a boa, agradável e perfeita vontade de Deus. Como servir por meio dos dons.* (Rm 12:2)

Assim, apesar das lutas, posso viver a vida que Deus tem para mim e experimentar de sua perfeita vontade.

É uma luta diária, constante, mas chegará o dia em que tudo isso passará e eu estarei livre, no céu, onde não haverá mais dor nem sofrimento!!

> *Irmãos, não penso que eu mesmo já o tenha conquistado; mas tomo a seguinte atitude: esquecendo-me das coisas que para trás ficam e avançando para as que estão adiante de mim, apresso-me em direção ao alvo, a fim de ganhar o prêmio da convocação celestial de Deus em Cristo Jesus.* (Fl 3:13-14)

CAPÍTULO XII

JESUS... QUE AMOR É ESSE?

Quem diria?

Quem diria
Que depois te tanto chorar
A vida para mim sorriria?
Que depois de tanto odiar
Eu amaria?
Que depois de tanto sofrer
Eu iria vencer?
Que depois de tantos momentos sozinha
Eu teria essas amigas?
Que depois de tão fundo cair
Do buraco conseguiria sair?
Que depois de tão distante chegar
Meus sonhos conseguiria realizar?
Que depois de tanto do meu irmão apanhar
A ele tanto eu iria amar?
Que depois de tanto minha mãe me xingar
A ela eu iria honrar?
Que depois de tanto tentar
Finalmente iria alcançar
Que depois de tanto esperar
Você ia aparecer para me completar?
Me fazer feliz, me fazer sorrir
Quem diria que isso aconteceria
E que hoje você seria
O amor da minha vida?

Tinha tudo para dar errado, mas Jesus escreveu uma nova história para mim; aliás, trouxe-me para o projeto original Dele. Apesar do que eu era, Ele me chamou de filha. O fato de me perdoar, me aceitar novamente, me lavar, mesmo sabendo que depois de ter conhecido Seu amor virei as costas para Ele, era uma graça que fugia do meu entendimento. Como Ele podia me amar tanto? Aceitar-me de volta, me abraçar como se nada tivesse acontecido? Como poderia não viver completamente para cumprir Sua vontade?

Conhecer, experimentar e viver o amor de Deus é algo que está muito acima da compreensão humana. Como o Senhor, sendo o criador, pôde entregar Seu único Filho para morrer em meu lugar? E como eu não O amaria e me entregaria a Ele com todo o meu ser todos os dias da minha vida? Como não faria tudo que fosse possível para alegrá-Lo? Intensamente, inteiramente, profundamente? Olha o que Ele fez comigo! Todos que me olhavam diziam que eu não seria nada na vida e Deus mudou tudo. Insistiu em me amar, não desistiu de mim, me chamou, me esperou e me recebeu com um amor que me constrangeu a viver uma vida completamente diferente, colocando as vontades Dele acima das minhas e Ele acima de mim.

Porquanto o amor de Cristo nos constrange, porque estamos plenamente convencidos de que Um morreu por todos; logo, todos morreram. E Ele morreu por todos para que aqueles que vivem já não vivam mais para si mesmos, mas para Aquele que por eles morreu e ressuscitou. (2Co 5:14-15)

Viver com Deus é a experiência mais extraordinária que um ser humano pode experimentar! Mesmo que eu não tivesse nada, que nada desse certo, que o medo, a morte ou a enfermidade me sobreviessem, continuarei a amar e a servir ao meu Deus, pois tudo de mais precioso Ele já fez por mim, demonstrando Seu amor e Sua graça ao se entregar numa cruz em meu lugar para que hoje eu possa experimentar da Sua boa, perfeita e agradável vontade.

Quando compreendo o tamanho do Seu amor e de Seu sacrifício, posso entender meu real valor. E Ele me mostrou isso não só após minha conversão. Certa noite, estava orando e Ele me levou em pensamento a vários momentos específicos da minha vida. Lembrei-me de cada fase marcante e Ele estava lá, me chamando, me atraindo, me consolando, trazendo alento. Mesmo quando eu disse não, quando preferi comer e viver com os porcos, Ele me impeliu a crer, derramou sobre mim a fé. Cada momento em que passei tão perto da morte Ele estava lá me dando livramento; cada lágrima Ele colheu, cada palavra de rejeição me mostrou que Ele nunca me abandonaria. Que mesmo que meu pai ou minha mãe tivessem me abandonado, Ele me acolheria. O quanto se entristeceu com meu pecado, mas em como desejava, ansiosamente, ter-me novamente. Em como tinha prazer na minha companhia, o quanto eu era importante para Ele não pela minha performance ou pelo que tinha a oferecer – porque, na verdade, não tinha nada além de um coração grato e quebrantado –, mas simplesmente pelo Seu amor.

Quando eu via as pessoas com tantos dons, olhava para mim e não via nada, mas Ele me mostrou que estava comigo e isso era melhor do que qualquer dom, talento, beleza, fama ou toda a riqueza deste mundo. Mesmo virando as costas para o Senhor, traindo, mentindo, Ele me chamava de filha! E só podia dizer obrigada, Senhor, eu não mereço... não mereço tanto amor. Meu coração se encheu de uma gratidão eterna e desmesurada. É muito mais amor do que eu poderia merecer, se merecer fosse possível! Aquele momento foi um divisor de águas na minha vida, nunca mais fui a mesma. Pude aceitar a disciplina, a correção ou qualquer atitude de Deus como uma forma de amor. Não havia mais espaço para dúvidas ou murmurações, somente gratidão. Compreendi e aceitei todas as dores e sofrimentos permitidos pelo Senhor, porque me fizeram ser quem sou hoje, tudo para honra e glória do nome Dele. E esse era um motivo mais que suficiente.

Se não bastasse tudo o que Deus fez em mim, Ele ainda fazia e faz através de mim! O Senhor me disse para não me calar mais, mas contar meu testemunho. E assim o fiz e faço. Não me envergonho mais; pelo contrário, sempre que posso, testemunho tudo o que vivi e o que Deus fez em mim, não para me orgulhar, porque não tenho mérito nenhum, mas para a honra e glória do nome Dele.

Um rapaz me achou pelas redes sociais ao ver meu testemunho num programa de televisão e entrou em contato comigo pedindo-me perdão. Não me lembrava dele nem fazia ideia de qual era o motivo. Ele disse que era de Brasília e queria me pedir perdão, porque tentou me matar no mínimo três vezes. Detalhou-me como armou as emboscadas e como Deus me deu livramento, sem ao menos eu ter ideia disso. Detalhe: hoje ele é convertido. Como Deus é maravilhoso e continua me lembrando do quanto me ama e do quanto me quis e me livrou. Receber esses testemunhos de pessoas que são edificadas por meio da minha história faz tudo valer ainda mais a pena e torna todo sofrimento e toda luta mais leve. Porque as lutas continuam, dia após dia, mas tudo para um fim proveitoso, tudo para que o nome do Senhor seja ainda mais exaltado e engrandecido.

> *Porquanto a insensatez de Deus é mais sábia que a sabedoria dos seres humanos, e a fraqueza de Deus é mais forte que todo o poder dos homens. Irmãos, contemplai a vossa vocação! Pois não foram convocados muitos sábios, de acordo com critérios humanos, nem muitos poderosos, nem tampouco nobres. Pelo contrário, Deus escolheu justamente o que para o mundo é insensatez para envergonhar os sábios, e escolheu precisamente o que o mundo julga fraco para ridicularizar o que é forte. Ele escolheu o que do ponto de vista do mundo é insignificante, desprezado, e o que nada é, para reduzir a nada o que é, com o objetivo*

de que nenhuma pessoa se vanglorie perante Ele. Somos de Deus em Cristo. Portanto, vós sois dele, em Cristo Jesus, o qual se tornou para nós sabedoria da parte de Deus, justiça, santificação e redenção, a fim de que, como está escrito: "Aquele que se gloria, glorie-se no Senhor". Pregação no poder do Espírito. (1Co 1:25-31)

Conclusão

ESSE RECOMEÇO VAI ALÉM DA MINHA VIDA!

Meu marido e eu somos dois dos pastores da Igreja Batista da Lagoinha, uma das maiores Igrejas Batistas do Brasil e onde tenho visto cada uma das promessas de Deus se cumprindo na minha vida. Atualmente, nós cuidamos de mais de cem pessoas.

Minha mãe se converteu, parou de beber, passou a amar e a se dedicar ao Senhor. É uma estudiosa da Palavra de Deus, um exemplo de mãe, de avó, de sogra. Liberta do alcoolismo, somos grandes amigas, unidas. Caminhamos juntas, conversamos, nos amamos. É uma pessoa maravilhosa, amável, dedicada, de quem sinto muito orgulho. Tudo o que passou não me atinge mais; aliás, procuro nem pensar, quero sempre viver o presente.

Meu irmão ainda não se converteu e dá muito trabalho. Viciado em *crack*, começou a roubar para manter o vício e foi preso várias vezes, mas graças a Deus minha mãe e eu aprendemos a não cair por causa dele. Temos fé de que o Senhor fará a obra completa na vida dele.

Minha irmã também se converteu. Conheceu um rapaz na igreja, se casou com ele e os dois são líderes de um ministério de evangelismo dentro dos presídios.

Meu pai continua em Brasília com seus projetos e sonhos. Nós nos vemos no mínimo duas vezes por ano. Eu queria ter mais tempo com ele, mas nem tudo é como gostaríamos.

Sim, valeu a pena tudo o que vivi, tudo o que aprendi com minhas lágrimas, cada gota de suor, cada pranto, cada noite em claro. Valeu a pena amar, perdoar, buscar, lutar. Valeu a pena desejar, sonhar e acreditar.

Valeu a pena, mesmo sabendo que daqui para a frente nem tudo será perfeito, que terei que perdoar mais, amar, sonhar, lutar, buscar, acreditar e desejar mais. No entanto, Ele está comigo e isso me basta. Ele me fez forte na minha fraqueza e, enquanto eu viver, viverei para honrá-Lo. Essa sim é uma verdadeira história de amor, a mais linda de todas. E tudo o que Jesus fez foi por mim e por você, para que possamos desfrutar uma vida abundante em Sua presença! Ele nunca desistiu de mim e nunca desistirá de você!

E você, querido leitor, saiba disso também, que Deus o fez, criou e formou, tudo com um propósito certo. Enquanto não se render a Ele e viver esse propósito, você não será feliz e completo. Não importa o que digam a seu respeito, se o discriminam, ignoram ou maltratam, você é escolhido(a) de Deus e Ele pode transformar sua vida. Creia e chame por Ele agora mesmo. Não perca tempo, diga sim a Jesus, diga a Ele que você quer que Ele seja o Senhor da sua vida e se prepare para viver a experiência mais extraordinária da sua vida. Seja bem-vindo(a) à família de Deus!

Fim

VERSOS DE RECOMEÇOS

Mãe

Quando me lembro da infância
Infelizmente não tenho boas lembranças
Não sei o que há entre nós
Mas nunca conseguiu ouvir minha voz
Meu pedido de socorro
Não viu as lágrimas que caíam do meu rosto
A tristeza, a dor, a solidão
Não pude contar com sua mão
A vida não foi fácil para você
Lutou, sofreu, chorou, cresceu
Sonho frustrados
Desejos não realizados
Decepções...
Não me lembro do seu abraço
Não sei a temperatura
Pra mim você sempre esteve de armadura
De seu sorriso quase não sei o tom
Vi poucos, alguns sem som

Colo de mãe...
Só com pneumonia
Sem estar doente você não me via
Tentei te entender e é difícil aceitar
Que somos tão diferentes e estamos no mesmo lugar

Não vou te seguir, quero ser diferente
Quero acertar e não estar ausente
Já sofri por você, como chorei
Mas hoje por você orei
Pedi a Deus que cuide de você
E me ajude a te entender
Sei que você não é má
Mas por causa da vida dura
Se encheu de amargura
E por não ter em quem descontar
Fui seu alvo e vi você se descontrolar

Me cansei de tanto escutar
Você gritar e me xingar
Tantos nomes feios
Que nem de todos consigo me lembrar
Às vezes gestos feios e dedos apontados
Me deixaram triste e muito desapontada
Mas te deixar só não consigo
Você me expulsa, me ignora
Mas em te amar eu persisto
Você é minha mãe e eu acredito
Que um dia você vai mudar
Vai tentar me entender
E como uma boa mãe vai me amar.

Pai

Na infância era o ídolo
O super-herói, o guardião
Muitas vezes bravo, ríspido
Mas que me segurava pela mão
Me levava por onde ia
E para todos me exibia
Eu era sua filha
E observava tudo o que ele fazia
Queria imitá-lo, ser como ele
Pois ele era o meu guia

Na adolescência, muitos problemas
Não queria escutar seus conselhos
Queria ser livre, mas vivia um pesadelo
Ele tentava me ajudar, mas eu me escondia
Me trancava no quarto por dias e dias
Decepcionei, briguei, fiz chorar
Mas eu estava perdida e só queria alguém para abraçar
Batemos de frente e descobrimos que não éramos muito diferentes
Eu tinha aprendido com ele a ser inteligente

Como adulta, tenho motivos para agradecer
Pois como na infância ele voltou a ser
Meu conselheiro, meu amigo
Que cuida de mim e me dá abrigo
Conversamos muito e ele sempre me ensina
A ser educada, ser uma boa menina
Amar, cuidar, jamais odiar
Pois o ódio não nos deixa sair do lugar
Viver em paz, sem xingar
Sem preconceitos a todos amar
Ele é meu pai
Que me ajuda a caminhar
Me lembra de que nunca estou só
Pois ele está comigo em qualquer lugar
Sempre me ensinando a ser correta
Ele é meu pai, Pedro Lacerda.

Juliana

Nasceu a loirinha
Desde sempre tão lindinha
Parecia brava, mas só parecia
Nossa caçula, nossa menina
Só queria brincar

Brigamos, disputamos atenção
Mas era coisa de criança, nada de coração
Na verdade, o que sempre existiu
Foi um amor, uma admiração

Como irmã mais velha
Me senti responsável
E por isso tive que ser dura
Você não gostou e me abandonou
Senti sua falta, precisei de você
Mas seu carinho era tudo o que queria ter

Sempre te amei e cada dia te amo mais
Hoje você é casada, tem sua família, sua casa
Mas vai ser sempre minha menina
E vou continuar a te mimar
Cuidar de você, sempre te ajudar

Deus nos uniu ainda mais
Te trouxe maturidade e paz
E eu peço a Ele que cuide de você
E te faça feliz, como você merece ser
Te amo, Dedé
Minha irmã, minha amiga
Minha companheira de vida!

Mãezinha

Mãezinha, a vida não foi fácil
Hoje sou adulta e te entendo mais
Tivemos momentos difíceis
Mas todos ficaram para trás

Nada do que aconteceu
Me atinge mais
E por isso te amo infinitamente mais
Deus te resgatou, libertou, transformou
Sempre sonhei que você fosse
Como hoje você é
Uma nova mãe, uma nova mulher

Te admiro, te amo
Com todo o meu ser
E sempre vou cuidar de você
Não importa o que aconteça
Se estiver triste ou me entristeça
Vou fazer o possível
Para ver seu sorriso

Te ajudar os seus sonhos realizar
E chegar aonde sonhar
Porque eu te ajudarei
No que precisar
Te amo, mãezinha
E agradeço a Deus pela sua vida.

A luta dos espíritos

Quando eu quero
ele me sufoca
Quando eu vou
ele me prende
Quando desejo
ele me cega
Quando me esvazio
ele me enche
Quando preciso
ele me distrai
Quando sinto
ele me engana
Quando falo
ele me cala

Ele está aqui
Há muitos anos me segue
De todas as formas me persegue
Me pesa, me prende, me sufoca
Tenta me vencer, me ganhar
Tenta me iludir, me enganar
ele me quer, quer me usar, me matar
Quer que eu seja sua
Que eu me cale e não enxergue

Que não saiba quem sou
Que não cumpra o chamado
Não tome posse da herança, do poder
me desvia, me entristece
Me tira os sonhos, me tira as forças
Penso em morrer e que para sempre vou sofrer

Mas uma mão me protege
Quando caio, me levanta
Me abre os olhos, me traz esperança
Me ajuda a sonhar e a acreditar
Me perdoa e me entende
A cada dia me surpreende
Com seu amor e compaixão
A guerra é longa, a batalha é pesada
A luta é forte, mas já foi vencida.

FONTE: Perpetua

#Ágape nas redes sociais

www.agape.com.br